rororo

rororo

Weihnachtsgeschichten am Kamin 31

Gesammelt von
Barbara Mürmann

Rowohlt Taschenbuch Verlag

2. Auflage November 2016

Originalausgabe
Veröffentlicht im Rowohlt Taschenbuch Verlag,
Reinbek bei Hamburg, November 2016

Redaktion Stefanie Röders
Umschlaggestaltung any.way, Walter Hellmann
Umschlagabbildungen RoyFWylam, myillo / iStockphoto.com
Satz aus der Bembo, InDesign,
bei Pinkuin Satz und Datentechnik, Berlin
Druck und Bindung CPI books GmbH, Leck, Germany
ISBN 978 3 499 27282 0

Vorwort

Als ich etwas müde, aber glücklich nach dem Vorweihnachtstrubel den Heiligabend genoss, nahm ich mir vor, im nächsten Jahr alles anders zu machen. Im Sommer würde ich die Weihnachtsgeschenke besorgen, die Weihnachtskarten noch vor dem ersten Advent schreiben und bereits im November mit der Weihnachtsbäckerei beginnen.

Im Sommer verschob ich die Idee mit den Weihnachtseinkäufen, genau wie das frühzeitige Schreiben der Weihnachtspost und das Backen. Für alle diese Tätigkeiten fehlte einfach die schöne vorweihnachtliche Stimmung und das gewisse Maß an Druck. Und so saß ich wiederum etwas müde, aber glücklich Heiligabend mit der Familie zusammen und verschwendete keinen Gedanken mehr daran, etwas zu ändern.

Dass es Ihnen ähnlich geht, ist aus einigen Ihrer Geschichten gut herauszulesen. Aber ich bin auch immer wieder über die Vielfalt der weihnachtlichen Themen Ihrer Einsendungen überrascht. Ich danke Ihnen für die Mitarbeit an diesem Buch und freue mich auf Ihre Geschichten für den nächsten Band der Weihnachtsgeschichten am Kamin.

Barbara Mürmann

Ein Weihnachtswunsch

Bernhard Müller

Er hatte ganz klare Vorstellungen darüber, was er sich in diesem Jahr zu Weihnachten wünschte. Ein Spielzeug für Erwachsene. Nichts anderes sollte es sein. Er war ja kein kleines Kind mehr. Den Glauben an das Christkind hatte er schon vor etwas längerer Zeit verloren, und die Regeln, die in der Familie bezüglich Weihnachtswünschen galten, kannte er nur zu gut. Die würde er leicht einhalten können.

Ein Wunschzettel war Pflicht und der Abgabetermin mit dem 6. Dezember unverrückbar im Kalender eingebrannt. Erfahrung mit der Erstellung von Wunschzetteln hatte er ja genügend, und über die Jahre war er sehr kreativ geworden. Mal wurde der Wunschgegenstand gemalt, mal aus einem Katalog ausgeschnitten, hin und wieder wurde auch gebastelt. Man konnte durchaus behaupten, dass er in diesem Punkt eine richtige Begabung entwickelt hatte.

Um es kurz zu machen, der Gegenstand der Begierde war eine elektrische Eisenbahn. Eine klassische Modelleisenbahn. Nicht groß sollte sie sein, ein Starterpaket mit Lokomotive, ein paar Waggons und ein kleines Gleisbett.

Problematisch war der Preis. Ein teures Geschenk, das wusste er. Und er war nicht sicher, ob das in seinem Alter akzeptiert würde. Vermutlich würden alle erstaunt schauen, wenn er mit diesem Wunsch ankam. Nicht altersgerecht, würden sie sagen, völlig überflüssig, wünsch dir bitte etwas Vernünftiges und so weiter. Das Verlangen war aber groß und er wollte alles geben, damit er das Geschenk an Heiligabend in seinen Händen halten konnte.

Zeit war noch genug, er brauchte sich nicht zu beeilen, schließlich war der erste Advent gerade erst vorbei, und der lag in diesem Jahr sogar noch im November. Langeweile hatte er nie, sein Tag war in der Regel ausgefüllt, denn die Pflichtaufgaben, die ihm auch gegen seinen Willen aufgetragen wurden, waren nicht gerade wenige. Den Mülleimer musste er entleeren, die Straße fegen, auch das Ausräumen der Spülmaschine gehörte hier und da zu den Tätigkeiten im Haushalt, der mit drei Kindern und zwei Erwachsenen nicht klein war.

Kurz und gut, aufgrund vieler anderer Dinge und eines Stadionbesuchs kurz vor Nikolaus mit der Begegnung Mainz 05 gegen den VfB Stuttgart geriet die Erstellung des Wunschzettels in Vergessenheit. Keiner in der Familie fragte ihn nach seinen Wünschen, keine Erinnerung, dass am folgenden Tag der wichtige Bestelltermin vor der Tür stand. Trotz aller Vorsätze hatte er den Wunschzettel vergessen.

Es war ihm erst wieder aufgefallen, als am Morgen des 6. Dezember die kleine Tüte mit Süßigkeiten und den mittlerweile obligatorischen zehn Euro auf dem Frühstückstisch stand.

Die Frist war abgelaufen, ohne dass der Wunsch geäußert worden war. Aus, vorbei. Wenn es eine feste Regel gab, dann war es diese: keine Sonderwünsche mehr nach Nikolaus. Da war die Mutter der Familie ganz strikt, unbarmherzig, hart, unerbittlich, stur, einfach nur eine Katastrophe. Das Alter, um zu wissen, dass in der Regel die Mutter die Geschenke besorgte, hatte er ja schon erreicht.

Es gab also ein großes Problem, und das galt es zu lösen. Noch am selben Tag fing er an, den Wunsch bei jeder Gelegenheit zu äußern. Morgens, mittags und abends. Vor dem Fernseher, im Badezimmer, unter der Dusche. Am laufenden Band wiederholte er seinen Wunsch.

In den ersten Tagen verpufften seine Worte. Keine Reaktion der anderen Familienmitglieder. Das änderte sich auch nicht bis zum dritten Advent. Ab hier trat er in den Hungerstreik, zu Hause, nicht in der Schule. Dort war er ja unbeobachtet und konnte sich in den Pausen vollschlagen. Zum Glück gab es einen Mittagstisch, nur das Fasten am Abend bereitete ihm hin und wieder Probleme.

Dann kündigte er an, nicht mit in die Kirche zu gehen, er würde das Weihnachtsfest ausfallen lassen. Jetzt war er stur und unerbittlich. Sollten sie doch alle merken, dass er sauer war.

Und dann geschah das Wunder. Drei Tage vor Weihnachten willigten alle anderen ein, dass in diesem Jahr mal eine Ausnahme gemacht werden sollte. Die Eisenbahn konnte bestellt werden. Er hatte es geschafft. Er konnte entgegen allen Erwartungen loslegen.

Die Bestellung so kurz vor dem Heiligen Abend war aber eigentlich zu spät. Das wusste er. Somit musste Moritz her. Moritz, der älteste Sohn der Familie, hatte einen Premiumvertrag bei einem großen Versandhandel. Auf diesem Weg konnte es noch klappen. Obwohl Moritz zweihundert Kilometer entfernt in Stuttgart arbeitete und schlecht erreichbar war, hatte er aber Glück, viel Glück. Moritz bestellte ihm das Starterpaket mit Lieferbestätigung zum 24. Dezember.

So verstrichen die letzten Tage, und er stand mit froher Erwartung morgens auf und legte sich vor die Eingangstür, um den Postboten zu empfangen. Es vergingen Minuten und Stunden, aber kein Paketdienst läutete an der Tür. Er wurde immer trauriger und die Enttäuschung war ihm anzusehen. Um drei Uhr hakte er die Sache ab. Er musste sich für den Kirchenbesuch fertig machen.

Als sie das Haus verließen, sah er noch bei den Nachbarn Licht im Wohnzimmer. Deren Kinder waren mittlerweile aus dem Haus und sie hatten beschlossen, die Mitternachtsmette zu besuchen. Davon wusste er allerdings nichts. So betrat er die Kirche, wie immer sehr früh. Er war enttäuscht und traurig. Das Weihnachtsfest war für ihn gelaufen. Vom Krippenspiel bekam er nicht viel mit. Die Darsteller feierten in diesem Jahr mal so richtig Geburtstag, es war viel los und von stiller Weihnacht wenig zu spüren. Das passte so gar nicht zu seiner Laune.

Nach den obligatorischen Weihnachtsgrüßen von Bekannten und Verwandten ging es anschließend schnell nach Hause. Alle außer ihm waren gespannt und frohen Mutes. Dann kam die Bescherung mit vielen Paketen, Geschenken und freudigen Gesichtern. Er verzog derweil keine Miene.

Als er sich gerade an den gedeckten Tisch setzen wollte, schellte es an der Tür. Alle sahen sich erstaunt an, keiner rechnete noch so spät mit Besuch. Als er öffnete, standen die Nachbarn vor der Tür. Sie wollten zur Kirche und vorher noch schnell ein Paket abgeben, das der arme Paketbote noch um siebzehn Uhr bei ihnen abgegeben hatte. Die mussten ja neuerdings bis achtzehn Uhr schuften. Sonderschichten zur Weihnachtszeit.

Glücklich und voller Erwartung öffnete er das Paket und siehe da, es war seine Eisenbahn, die er, so schnell es ging, unter dem Tannenbaum aufbaute und dann von Kindheitserinnerungen übermannt wurde.

So einfach kann man fünfundfünfzigjährige verträumte Lehrer glücklich machen.

O du fröhliche Weihnachtszeit.

Hinter dem Acker

Albrecht Gralle

Es war Advent, und es regnete. Ich verließ das Haus, um ein paar Lebensmittel einzukaufen, und wurde von einem lauten Autohupen aufgeschreckt. Ich blickte über die Straße und sah einen dunklen Golf im Schritttempo auf der anderen Seite neben mir entlangfahren.

Der Fahrer beugte sich aus dem Fenster und rief mir zu: «Entschuldigung, ich suche die Straße Hinter dem Acker.»

«Hinter dem Acker?», überlegte ich laut und blieb stehen. «Tut mir leid, aber die Straße gibt es hier nicht. Noch nie gehört.»

«Aber die Straße muss hier irgendwo sein», rief der Mann ärgerlich zurück, «in der Nähe der Vivaldi-Straße, wo sie einen Knick macht. Im Navi ist sie zwar nicht zu sehen, aber auf meiner Karte!»

«Ich kann Ihnen leider nicht weiterhelfen», rief ich durch den Regen, nickte dem Autofahrer zu und schlug die Richtung zum Supermarkt ein. Aber irgendwie beschäftigte mich diese seltsame Straße, und ich beschloss, sie mir nachher einmal anzusehen.

Als ich eine Stunde später meine Einkäufe verstaut hatte, griff ich mir eine Taschenlampe und ging nach draußen. Der Regen hatte aufgehört und ein schmierig-glänzender Belag überzog den Asphalt. In ein paar Minuten erreichte ich die Vivaldi-Straße, in der ein paar neue Einfamilienhäuser standen, aus deren Fenstern künstliche Sterne blinkten.

Jetzt begann der Knick und die Straße wurde dunkler. Keine Straßenlaternen. Es gab tatsächlich auch kein Schild weit und breit, aber soweit ich sehen konnte, ging von dort, wo die Straße eine Kurve machte, ein Weg ab, und daran reihten sich drei ältere Fachwerkhäuser, die mit der Beleuchtung sparten. Das musste wohl Hinter dem Acker sein.

Ich erwartete, dass der dunkle Golf vor einem der Häuser stand, aber es war ab dem Knick kein Auto zu sehen.

Hinter dem Acker machte seinem Namen alle Ehre, denn der Asphalt war so gut wie ganz abgenutzt und ließ ein löchriges Kopfsteinpflaster erkennen, das von lehmiger Erde umrahmt war.

Mittlerweile fragte ich mich, was ich eigentlich hier wollte. Was hatte ich erwartet? Ein freundliches Haus, in dem eine Adventsparty stattfand? Stattdessen musste ich aufpassen, dass meine Stiefel nicht in den riesigen Pfützen versanken.

Jetzt erreichte ich das erste Haus. Im zweiten Stock brannte ein trübes Licht, sonst war alles dunkel. Ein Holzzaun mit einem eisernen Gartentor umschloss einen kleinen Vorgarten, auf dem ein paar verwelkte Astern ein kümmerliches Dasein fristeten. Ich blickte mich um. Niemand war zu sehen, und so traute ich mich, das eiserne Gartentor zu öffnen, und dachte: Typisch Advent. Man öffnet Türen.

Wie ein Dieb schlich ich zur Haustür und hatte den Eindruck, dass ich verbotenes Terrain betrat. Rechts neben der Tür hingen drei verrostete Briefkästen. Ich leuchtete mit meiner Lampe auf sie und entzifferte: Silesius, Brandt, Krottendiek.

«Suchen Sie jemanden?»

Erschrocken fuhr ich herum und ließ meine Taschenlampe in meine Manteltasche gleiten. Hinter mir stand eine ältere Frau in einem Pelzmantel, den geschlossenen Regenschirm in der Hand, und blickte mich fragend an.

Das kam mir eigenartig vor, denn ich hatte mich erst vor ein paar Sekunden umgedreht und keinen Menschen weit und breit erblickt. Wo kam die Frau her?

«Also, wenn Sie … wenn Sie mich so fragen», stotterte ich, «ich suche eigentlich niemanden. Ich habe nur … na ja … erst jetzt gemerkt, dass es diese Straße überhaupt gibt, und bin neugierig geworden.»

«Ja», nickte sie und klappte völlig unmotiviert den Regenschirm auf und zu, als sei er eine Waffe und sie müsste sie vorher testen. «Das Straßenschild ist irgendwann umgefallen und die Stadt hat es noch nicht wieder aufgerichtet.»

«Wann war das?», fragte ich zurück, nur um etwas zu sagen.

«Vor ungefähr fünf Jahren.»

«Was?» Ich schüttelte ungläubig den Kopf. «Sie behaupten, dass die ganze Zeit niemand …»

«Genau», kürzte sie meinen Satz ab. «So, jetzt wissen Sie alles. Darf ich Sie zu einer Tasse Tee einladen, bevor Sie hier Wurzeln schlagen?»

Ich wusste nicht, was ich sagen sollte, denn die Einladung klang nicht sehr einladend, eher so, als wollte sie mich von den Briefkästen weglocken. Ich überlegte. Irgendwie schien mir hier nicht alles zu stimmen. Aber meine Neugier war nun einmal geweckt worden. Ich konnte es mir einfach nicht vorstellen, dass die Stadt fünf Jahre lang kein neues Straßenschild aufgestellt hatte.

«Ja, wenn es Ihnen mit dem Tee nichts ausmacht. Aber nur ganz kurz, zum Aufwärmen.»

«Natürlich macht es mir etwas aus. Ich muss Wasser zum Kochen bringen und den Tee aufsetzen. Aber ich halte es für meine Pflicht, Fremdlinge, die vor meiner Tür stehen, einzuladen.»

Fremdlinge! Ein merkwürdiges Wort.

«Kommen Sie, gehen wir hinein.» Sie holte einen riesigen Schlüssel aus ihrer Manteltasche und schloss auf.

Im Flur war es dunkel, und sie sagte gleich: «Gehen wir nach oben, da brennt eine Lampe. Ich hoffe, der Herd in der Küche ist noch an, sonst kann es mit dem Tee unter Umständen länger dauern.» Sie ging voraus.

Ich tastete mich die Stufen nach oben und fand die richtige Tür zur Küche, weil dahinter ein schwaches Licht zu erkennen war.

Als ich öffnete, knirschte es unter dem Holz, und ich trat ein. Von der Decke hing eine Petroleumlampe und an der Wand stand einer dieser mit Emaille überzogenen altertümlichen Herde, die noch mit Holz befeuert wurden. Als Kind hatte ich so einen bei meiner Großmutter gesehen.

Meine Gastgeberin zog ihren Mantel aus, hängte ihn an einen Haken hinter der Tür und öffnete die Ofenklappe.

«Es ist noch Glut drin», nickte sie erfreut.

Unterhalb, vom Steinfußboden, holte sie zwei trockene Scheite heraus und legte sie in die Glut. Dann hob sie den Wasserkessel an, der auf der Herdplatte stand.

«Gut», meinte sie. «Dann wird es bald kochendes Wasser geben.»

Ich dachte bei mir: Wahrscheinlich wohnen hier nur ein paar alte Leute, die ihre Gewohnheiten nicht aufgeben wollten.

«Haben Sie denn keinen Strom?», fragte ich mit spöttischem Unterton.

«Einen Strom?», wiederholte sie das Wort, als passte es nicht hierher. «Ein Strom», fuhr sie fort, «fließt ein paar hundert Meter weiter hier vorbei und ich bin froh, dass wir nicht so dicht dran wohnen. Im Frühjahr gibt es Überschwemmungen, und ich mag keine nassen Keller.»

Sie hatte mich missverstanden, und ich sagte: «Ich meine die Stromleitungen.»

Sie zuckte die Schultern. «Ich weiß nicht, was Sie meinen.»

Ich drehte mich um und suchte neben der Tür nach den Lichtschaltern, aber ich fand keine. Sollte das ein Haus ohne Strom sein? Ein Haus, das von den Stadtwerken abgeschnitten oder übersehen worden war? Unmöglich. So was konnte es doch nicht geben. Nicht hier in Deutschland, in meiner eigenen Stadt, im einundzwanzigsten Jahrhundert!

Inzwischen hatte die Frau aus einem Schrank einen Behälter geholt, in dem wohl Tee war, und schüttete die Blätter in eine alte Porzellankanne.

«Setzen Sie sich doch und ziehen Sie Ihre Jacke aus», sagte sie kurz.

Ich setzte mich und war sprachlos. Ein Haus ohne Stromanschluss. Und die Frau kannte offensichtlich das Wort Strom nicht einmal. Herr Alzheimer hatte wohl kräftig zugeschlagen. Ich nahm mir vor, eine unverfängliche Konversation aufzubauen, und sagte: «Die Adventszeit ist in diesen Tagen ziemlich verregnet, was?»

Der Teekessel pfiff. Die Frau hob ihn vom Herd und goss das heiße Wasser in die Kanne.

«Was für eine Zeit?», fragte sie.

«Die Adventszeit», wiederholte ich etwas lauter.

«Was ist das?»

«Sie kennen das Wort Advent nicht?»

«Nie gehört. Doch, warten Sie.» Sie blieb mit dem Wasserkessel in der Hand stehen. «Ich hatte mal Latein in der Schule. Es heißt Ankunft. Komisch … Ankunftszeit. Verwendet die Eisenbahn jetzt lateinische Wörter? Na ja, denen ist ja alles zuzutrauen.»

Ich wurde allmählich ungehalten. Wollte sie mich auf den Arm nehmen?

«Meine Güte!», sagte ich drängend. «Adventszeit – die Zeit vor Weihnachten. Jede Woche wird eine neue Kerze auf dem Kranz angezündet.»

«Ein Kranz?»

«Ja, ein Kranz aus Tannenzweigen.»

«Komische Sitte.» Sie schüttelte mit dem Kopf. «Zucker?»

Ich nickte, griff zu der kleinen Zuckerdose und ließ den Zucker in die leere Tasse rieseln.

«Und was soll das nun mit dem Kranz und den Kerzen?», fragte sie.

Sie goss den Tee in die zwei Tassen, und ich sah jetzt, dass bei meiner der Henkel abgebrochen war.

Inzwischen war ich mir fast sicher, dass nicht nur die Teetassen einen leichten Schaden hatten, sondern dass eine Menge Tassen im Oberschrank dieser adventslosen Frau fehlten.

Langsam verrührte ich meinen Zucker und sagte dann in ruhigem Ton: «Advent nennt man die Zeit vor Weihnachten. Jeden Sonntag wird eine neue Kerze angezündet … Und dann gibt es noch Adventskalender mit vierundzwanzig Türen. Jeden Tag darf man eine öffnen und …»

«Weihnachten kenne ich», unterbrach sie mich und schlürfte ihren Tee.

«Na, wunderbar! Immerhin etwas!»

Unsere an sich schon bizarre Unterhaltung steigerte sich, je kühler der Tee wurde. Die Frau hatte offenbar noch nie ein Auto gesehen und wusste auch nicht, was ein Radio war. Ganz zu schweigen von einem Telefon.

Aber eines schien ihr ganz wichtig zu sein: einen Fremdling zu bedienen und ihm etwas zu trinken zu geben. Denn das stünde schon in der Bibel, meinte sie. «Die Bibel kennen Sie doch, oder?»

Ich nickte.

«Na, sehen Sie. Schon wieder etwas Gemeinsames.»

***

Ich verabschiedete mich bald, verließ das düstere Haus und trat in den trüben Advent.

Es nieselte.

Als ich das Gartentor schloss und mich umdrehte, war das Haus verschwunden, und ich stand einsam in freier Natur. Mir war, als sei ich aus einem Adventskalender geklettert und nicht hinter, sondern auf dem Acker angekommen.

Am selben Abend forschte ich nach, wann das Feiern des Advents eigentlich erfunden worden war, und stellte fest, dass es zwar schon sehr lange einen grünen Kranz gab, den man im Monat vor Weihnachten an die Tür hängte, und dass das Wort auch in der Kirche benutzt wurde. Aber die Idee, Kranz und Kerzen zusammenzubringen, stammte von einem gewissen Herrn Wichern, der 1860 in seinem Waisenhaus für die Kinder einen großen Kranz aus Tannenzweigen mit dreiundzwanzig Kerzen gebastelt hatte, damit das Warten auf Weihnachten verkürzt wurde.

Die Frau, die mich bewirtet hatte, musste tatsächlich aus

einer anderen Zeit gekommen sein, mitsamt ihrem düsteren Haus, zumindest vor 1860.

Sie stammte noch aus einer Zeit ohne Strom, in der man Fremdlinge, die vor dem Haus herumlungerten, zu einer Tasse Tee einlud.

Das blaue Paket

Friederike Steinborn

Früher bedeutete Weihnachten für uns Kinder auf dem Dorf eine Freude und wir fieberten den wohldosierten Gaben entgegen. Alles in der Adventszeit umgab noch ein Geheimnis, besaß einen Zauber.

Es war für meine Geschwister und mich ungeheuer verlockend, dieses Geheimnis zu lüften, sodass die Dezembertage nur schwer auszuhalten waren. Ob das Christkind den Herzenswunsch erfüllen würde? Wer brav die Zeit bis Heiligabend durchstand, wählte den besseren Teil. Wer aber das Geheimnis vor der Zeit lüftete, bereute es. Ich lernte diese Lektion vor vielen Jahrzehnten.

Es geschah in den Tagen vor Heiligabend, dass meine zwei älteren Schwestern und ich nach der Schule erst zur Großmutter liefen. Sie wohnte gleich um die Ecke, und wir waren gewohnt, dass sie uns immer eine Kleinigkeit schenkte. Einen Apfel meistens oder gar ein Fünferle hie und da. Bei ihr lebte noch die Tante Pepi. Die hatte durch einen Unfall ihren rechten Arm verloren. Sie sah Großmutters freigebige Hand gar nicht gern. Wir mochten Pepi nicht und sie uns auch nicht.

Die Tante übergab uns ein blaues Paket. *Quelle* war groß aufgedruckt. Das sollten wir der Mutter bringen. Es war bereits geöffnet und nur lose mit einer Kordel zusammengebunden. Sie verbot unter Strafandrohung, in das Paket hineinzugucken, und dann schickte sie uns schnellstens nach Hause.

Unser Haus lag damals noch am Dorfrand. Für den Heimweg gab es nun zwei Möglichkeiten: entweder die vom Schnee geräumte Dorfstraße oder den verwunschenen, tief verschneiten schmalen Pfad um den Friedhof herum.

Den nahmen wir und stapften langsam durch kniehohen Schnee bis zu der sichtgeschützten hintersten Ecke an der Friedhofsmauer.

Das blaue Paket brannte geradezu unter den Armen. Sein Geheimnis zu lüften, verlockte uns schon wegen des Verbots. Ein kurzer Gewissenskampf. Ach was, hier sieht uns keiner, überlegten wir. Die Kordel geht fast von alleine auf. Außerdem sind wir katholisch und können ja am Samstag alles beichten.

Um das Abenteuer gebührend zu beginnen, trieben wir erst einmal allerhand Unfug. Wir Jüngeren rollten uns im Schnee und machten etliche «Engelchen». Die Älteste baute derweil eine Schneefrau und stattete sie mit allen weiblichen Attributen aus. Dann fielen wir wie im Rausch über das Paket her. Wir fassten es kaum! Was wir uns so brennend wünschten, alles fand sich in diesem blauen Karton. Die große Schwester entdeckte ihren ersehnten Malkasten. Gleich tat sie Schnee und Spucke in die Töpfchen und malte Blümchen an die Friedhofsmauer. Die andere probierte die erhoffte kleine Handnähmaschine aus und stichelte dabei ihren Unterrock am Kleid fest. In einer Schachtel mit der Aufschrift «Zigeunertraum» fand sich mein Herzenswunsch: eine Mundharmonika. Selig entlockte ich ihr die süßesten Töne. Es sollte ein bisschen wie «Stille Nacht, heilige Nacht» klingen. Wir vergaßen die Zeit. Es dunkelte bereits. Erst als die Schwester mich anstupste, sah ich das drohende Unheil. Durch den wirbelnden Schnee stapfte eine Gestalt auf uns zu, einen langen Stock schwingend. O heilige Mutter Maria, steh uns bei, der Vater!

Starr vor Schreck tat keine von uns einen Mucks. Jetzt musste gleich ein Strafgericht einsetzen, wie es noch nie eines gegeben hatte. Doch der Vater sagte kein einziges Wort. Stumm musterte er die Szenerie. Sein Blick schweifte über die vollbusige Schneefrau hin zu unserer vorgezogenen Bescherung, dann drehte er sich um und ging Richtung nach Hause fort. Kein einziges Wort kam über seine Lippen! Das Schweigen war schlimmer als alles andere, die Angst unbeschreiblich, die Scham groß. Hätte der Vater uns doch an Ort und Stelle gezüchtigt! Damit wäre es aus und vorbei gewesen. Aber das!

So schnell wir konnten, ordneten und verschnürten wir das blaue Paket und folgten dem Vater. Wir hielten angemessenen Abstand, aber wir mussten ihm nach. Die Alternative war ja nur das Erfrieren in der Winternacht. Direkt am Friedhof. Was für ein Drama!

Zu Hause weinte die Mutter. Sie sah uns nicht einmal an. Die drei kleinsten Geschwister verstanden gar nichts, verfielen aber vorsichtshalber auch in Schweigen. Nach dem Ableisten der schulischen Pflichten wurden wir in die Küche gerufen. Wir erwarteten, unser Essen zu bekommen. Aber nichts da! Uns wurde nur geheißen, das Geschirr der Geschwister vom Mittagstisch zu spülen und abzutrocknen. Auch zum Abend gab es keine Mahlzeit. Stattdessen folgte das Verhör des Vaters. Weinend und zerknirscht gestanden wir, was nicht zu leugnen war. Das Urteil verkündete Vater ohne längere Überlegung: Es lautete, dass das Christkind uns dreien selbstverständlich nichts brachte und dass der Vater dieses Jahr auch die Krippe nicht aufbaute, obwohl er schon Moos und Rinden vom Wald geholt hatte. Einzig einen Christbaum sollte es geben, der drei Jüngsten wegen.

Der Heilige Abend verlief dann, wie zu erwarten war, in gedrückter Stimmung. Wir beteten zusammen, sangen Weihnachtslieder und spielten mit den Kleinen. Wir drei Großen durften mit dem Vater um Mitternacht zur Christmette gehen. Immerhin ein paar Sternsprüher kriegten wir mit auf den Weg. Es kamen Leute aus allen Richtungen zu unserem schönen und weithin bekannten Münster. Entlang der Wege blitzten überall immer wieder Sternenfunken auf.

In der Kirche war es während der Mette eisig kalt, und der Frost auf dem Heimweg kühlte uns weiter aus. So waren wir dankbar, dass die Mutter eine heiße Suppe bereithielt und dazu eine Überraschung: Das Christkind sei wider Erwarten noch einmal gekommen. Es habe wohl Erbarmen gehabt mit den reumütigen Missetätern. Wir sollten unterm Christbaum nachsehen.

Dort fanden sich drei Päckchen, jedes mit unseren Namen versehen. Staunend und sprachlos hielt jede ihr Wunschgeschenk in Händen: den Malkasten, das Nähmaschinchen, die Mundharmonika. Dazu gab es jeweils eine ganze Tafel Schokolade. Nun rollten Tränen der Freude und Erleichterung, sogar der Vater schmunzelte. Bald schliefen wir, vom Kummer befreit, einem umso schöneren Christtag entgegen.

Geschenke mit viel Liebe

Gerda Thormählen

Ach, Weihnachten! Das letzte war besonders spannend. Als Vater einer sechsjährigen Tochter kann einen nicht mehr viel überraschen, glaubt man. Soll ich mal erzählen, wie toll unsere Svea uns beschenkt hat? Also:

Alle Geschenke lagen verpackt unter dem hübsch geschmückten Tannenbaum. Nach dem obligatorischen Weihnachtslied bestand unsere Kleine darauf, mit ihren Gaben für Oma und Opa und für uns beginnen zu dürfen. Anderenfalls würde sie vor Aufregung platzen. Dem Antrag wurde stattgegeben.

Svea entnahm einem größeren Karton eine kleine Schachtel, hielt sie in die Höhe und begann zu erklären: «Das ist für Opa. Die musste ich ganz vorsichtig da reinlegen. Das war das allerschwierigste Geschenk, das ich je gebastelt habe. Als Opa mir erklärt hat, wie die gemacht werden, klang das ganz einfach. Zuerst hab ich Blätter getrocknet und kleingeschnitten. Dann wollte ich die Krümel in ein getrocknetes Blatt einwickeln. Aber das ging immer kaputt. Da hab ich dann ein frisches weiches genommen. Und als sich das immer wieder abgerollt hat, fielen mir Mamas Rouladen ein. Sogar braunes Nähgarn war im Nähkasten. Na, Opa, ahnst du schon, was das sein könnte?»

Der Senior runzelte bedeutungsvoll die Stirn: «Wenn mich nicht alles täuscht, ist das eine Zigarre geworden.»

Svea strahlte: «Gut, Opa! Aber als die trockener wurde, fing sie an zu krümeln. Ich hab ne ganze Tube Uhu gebraucht. Das macht doch nichts. Oder?»

«Nein, ist ja nur von außen», beschwichtigte der Großvater und nahm sein Geschenk neugierig und staunend entgegen. «Die hast du toll hingekriegt. Danke. Ich werde sie mir für ganz besondere Stunden aufheben.»

Nun wurde ein rundliches Geschenk in der Größe eines Apfels aus dem Karton genommen und in Richtung Oma getragen.

«Liebe Oma, ich weiß nicht, ob die besser sind als deine. Aber als ich die hinter der Gastwirtschaft beim Spielplatz gefunden habe und die wirklich wie neu aussahen, fiel mir ein, wie doll du immer auf deine alten Zähne schimpfst.»

Oma hatte sichtbar Mühe damit, ihr Geschenk auszuwickeln. Und das lag nicht am Klebeband, sondern daran, dass sie mit aller Mühe ihr Lachen unterdrückte. «Oh, wie schön, dass du sie so gründlich geputzt hast. Heute Abend behalte ich aber meine eigenen drin. Diese können mich so lange vom Regal her anlächeln. Vielen Dank.»

«So, Mama, jetzt bist du dran. Mir ist das gerade noch rechtzeitig eingefallen, weil ich immer gut zuhöre, wenn ihr was sagt. Weißt du noch, worüber du dich gestern so aufgeregt hast?»

Nach kurzem Überlegen schüttelte meine Frau den Kopf.

«Aber du hast doch die Salbe gegen Pilze gesucht. Obwohl ich gar keine auf deiner Haut gesehen habe. Aber ich sehe ja auch keine Falten oder wenn dir was juckt oder wehtut. Für alles Mögliche hast du Creme oder Salbe. Dass du da noch nicht selber drauf gekommen bist! Wenn man nun alle zusammentut und gut umrührt, braucht man nur einen Topf und hat immer die richtige dabei. Ist doch ganz einfach. Hier ist dein großes Glas mit Deckel. Umgerührt hab ich schon.»

Die Gedanken meiner Frau standen ihr auf der Stirn geschrieben, nämlich: Nicht heute Abend, aber später werde ich es ihr erklären müssen. Also sagte sie: «Oh, mein kleiner Schatz, deine Idee war ganz toll. Aber wir müssen uns mal genauer darüber unterhalten.»

Mir war klar, dass ich jetzt an der Reihe war. Ihr glaubt nicht, was mir in diesem Moment durch den Kopf ging. Welche Bemerkungen hatte ich gemacht? Vielleicht über unsere hübsche Nachbarin? Oder etwas über mein Werkzeug? Nein, bitte nicht. Vieles davon war teuer. Die Größe des letzten Päckchens ließ keine Vermutungen zu. Warum nur war mir so mulmig?

«Papa, sei mir bitte nicht böse. Für dich ist mir nichts Besonderes eingefallen. Das ist nur eine Tafel Schokolade.»

Irgendwie fiel mir ein Stein vom Herzen. Selten habe ich mich so über Schokolade gefreut, und ich verlieh dem Ausdruck, indem ich meine Kleine in die Arme nahm und drückte: «Du bist süßer als alle Süßigkeiten zusammen. Frohe Weihnachten uns allen.»

Chanel N° 5

Anni Wollrath

Lange bevor der Wecker rappelte, war sie wach, hörte, dass der Wind leise an den Fensterläden entlangstrich. Beim Aufstehen spürte sie die Kälte im Schlafzimmer. «Oje, meine Knochen!»

Jeden Morgen ging das so, aber Grete war siebzig, da blieb das nicht aus. Sie reckte sich, lachte im Vorbeigehen ihr Spiegelbild an, ging zum Fenster und schaute hinaus. «Das wird ein guter Tag», murmelte sie. Noch war der Morgen schwarz, aber für die ersten Stunden war wechselhaftes Wetter gemeldet, gegen Abend Schnee. Das Wetter war sehr wichtig, heute, am dritten Advent. Ihr Enkel Felix und sie wollten auf dem Flohmarkt Nützliches und Überflüssiges verkaufen. Wenn die Sonne schien, würden die Leute spazieren gehen. Bei Regen und Sturm ging keiner vor die Tür. Beides konnten sie nicht gebrauchen. Wechselhaft war gut fürs Geschäft. Felix hatte sich viel vorgenommen, heute wollte er das Geld dafür verdienen.

Im Sommer hatte sich Felix' Vater verabschiedet. «Mach's gut, Felix», hatte er fest gesagt. «Ich ziehe aus. Es gibt da eine andere Frau in meinem Leben. Aber zwischen uns bleibt alles beim Alten, ich werde …»

Grete wusste, dass das in den Ohren des Jungen unwirklich geklungen hatte, so als hätte sein Vater gesagt, ich mache das Licht aus, aber es bleibt hell. Den Rest hatte Felix wohl nicht mehr gehört, für ihn war die Welt zusammengebrochen. Er hatte offensichtlich immer geglaubt, seine Eltern wären glücklich miteinander. Nun ging der Vater weg. Was sollte denn da beim Alten bleiben für den Jungen?

Mit der Zeit hatte Felix sich zusehends an das Leben allein mit seiner Mutter gewöhnt. Mit seinen fast fünfzehn Jahren half er ihr, wo er konnte. Kaufte schon Anfang Dezember den Tannenbaum, und Grete merkte, dass vor Weihnachten besonders viele Erinnerungen in dem Jungen wach wurden. Doch Grete konnte sehen, dass die Plätzchen, die sein Papa gern gegessen hatte, ihrem Enkel nun nicht mehr schmeckten und der Adventsschmuck für ihn keine festliche Stimmung verbreitete.

Felix hatte Grete erzählt, dass er einmal in der Woche im Supermarkt arbeiten wollte. Damit wollte er sich einen Traum erfüllen: Unterricht am Schlagzeug. Doch heute, auf dem Flohmarkt, das wusste Grete, ging es für ihn um etwas Besonderes, um das Weihnachtsgeschenk für seine Mutter. Als die beiden am Anfang der Adventszeit zusammen durch die Geschäfte gebummelt waren – so hatte Felix es Grete nachher erzählt –, hatte Mama in der Parfümerieabteilung des großen Kaufhauses an den verschiedenen Fläschchen gerochen.

«Toll, schnupper mal.» Sie hatte Felix eine viereckige Flasche unter die Nase gehalten.

Inzwischen hatte offensichtlich eine Verkäuferin die beiden entdeckt. «Sie haben sich etwas ganz Besonderes ausgesucht. Chanel N° 5», hatte sie gesagt, gekonnt ein Papier besprüht und elegant mit dem Streifen vor ihren Gesichtern gewedelt.

Felix hatte wohl nach langer Zeit ein Lachen im Gesicht seiner Mutter gesehen. «Toll», hatte sie zu der Verkäuferin gesagt, «aber danke, das kommt für mich nicht in Frage.»

Grete wusste: Außer seiner Mutter gab es einen ganz wichtigen Menschen in Felix' Leben, und das war sie, Oma Grete. Sie war immer für ihn da, konnte Waffeln backen und zuhören.

«Oma, wie kann ich Geld verdienen?», hatte Felix in den Tagen vor Weihnachten wissen wollen.

«Wofür brauchst du Geld?»

«Ich möchte Mama ein Parfüm schenken. Oma, ist Chanel N° 5 teuer?»

«Teuer? Ich glaube, eine Flasche kostet fast hundert Euro.»

Das hatte der Junge offensichtlich nicht erwartet. Aber er wollte, dass seine Mutter zu Weihnachten dieses Geschenk bekam, das hatte Grete ganz klar sehen können. Er wollte, dass sie lächelte, wenn sie die schönen Schleifen und dann das seidige Papier entfernte und das entdeckte, was sie sich nie würde leisten können. Felix wollte, dass seine Mutter alles Traurige vergaß, so wie in dem Moment im großen Kaufhaus, von dem er seiner Oma erzählt hatte.

Grete hatte gespürt, wie wichtig dem Jungen das Geschenk war. «Da hast du dir aber viel vorgenommen.» Bewundernd hatte sie ihren Enkel angesehen. «Alle Achtung.»

Sie war ganz stolz auf Felix gewesen, der so tapfer versuchte, den Papa zu ersetzen, und sie hatte bemerkt, dass er fast so groß war wie sie.

«Weißt du was, Felix, bald gehe ich wieder auf den Flohmarkt. Komm einfach mit. Hast du etwas, was du verkaufen kannst?»

«Klar. Playmobil und Legosteine. Die brauche ich nicht mehr, aus dem Alter bin ich raus.»

«Stimmt», hatte Grete gelacht.

Gestern nun hatten sie Gretes altes Auto vollgepackt, waren damit zur Messehalle gefahren, hatten aus dem Tapeziertisch einen Designerverkaufstresen, aus einem alten Kleiderständer eine kleine Boutique gezaubert und alles schön dekoriert.

«Unser Stand muss die Leute anspringen», hatte die Großmutter ihn über die Grundlagen des Verkaufserfolgs aufgeklärt. «Der Kunde ist König, auch auf dem Flohmarkt.»

Heute Morgen waren sie in aller Frühe losgefahren, und hatten noch Kleinigkeiten dabei, die sie zu den Büchern, Schuhen und Blumenvasen gestellt hatten.

Nun war es so weit, Oma und Enkel standen vor ihrem Verkaufssortiment. Da entdeckte Felix einige original verpackte Geschenke.

«Was ist das denn?», wollte er wissen.

«Och, na ja …» Grete geriet ins Stottern. «Okay, aber behalt's für dich. Das sind Geschenke von Tante Elli. Du weißt doch, sie hat viel Geld, aber keinen Geschmack. Die Vase, zum Beispiel, würde ich nie auf den Tisch stellen. Sie ist nicht billig, wir können sie für dreißig Euro verkaufen. Damit können wir die Standmiete verdienen.»

Felix staunte nicht schlecht. Das hätte er seiner Oma wohl gar nicht zugetraut.

Jeder hatte eine Bauchtasche, darin verstauten sie ihr Wechselgeld.

«Pass aufs Geld auf», mahnte Grete den Jungen. «Wenn es für ein Weihnachtsgeschenk reichen soll, immer gleich nachrechnen, nicht falsch rausgeben und Scheine sofort bei mir abliefern, die kommen dann in den Safe.»

«Gut, Chefin.»

Die beiden waren sehr vergnügt. Inzwischen waren die

Standnachbarn eingetroffen. Regina und Günter wurden herzlich begrüßt. Man kannte sich von früheren Märkten, versorgte sich gegenseitig mit Kaffee, Kuchen, Brötchen und Informationen, achtete auf den Stand des anderen, lachte und scherzte zusammen.

«Du siehst aber schick aus, meine Liebe.» Regina begutachtete den Mantel von Grete. «Pass auf, dass ihn dir keiner abkaufen möchte.»

Grete war geschmeichelt. «Der Mantel ist etwas älter als ich, hat sich aber besser gehalten. Wenn ihn einer haben will – bitte. Ab fünfzig Euro aufwärts geht alles.»

Wieder staunte ihr Enkel, die Oma war echt locker.

Günter kam, schüttelte Hände, nahm Grete in den Arm, begrüßte Felix. «Hübscher Kerl, dein Enkel?», wollte er wissen.

«Wie kommst du darauf?»

«Familienähnlichkeit», grinste Günter, und damit war Felix in die Flohmarkt-Clique aufgenommen.

Die ersten Interessenten kamen. Grete hatte vier Paar sehr teure, aber ungetragene Schuhe anzubieten. Sie hatte einen Hang dazu, Schuhe nach Schönheit zu kaufen, nicht nach Größe. Das wurde ihren Füßen und dem Geldbeutel zum Verhängnis, rechnete sich aber, wenn man vom hohen Einkaufspreis einmal absah, beim Verkauf. Der erste italienische Fehleinkauf wechselte gleich am Morgen für zwanzig Euro den Besitzer.

«Frohes Fest», rief Grete der jungen Frau nach, die ihrem Mann glücklich die neuen Schuhe zeigte.

Günter verkaufte Werkzeug. Das war sehr gut für Felix und Grete, denn während die Väter nach Hammer und Schraubenzieher suchten, spielten die Kinder mit den Legosteinen und die Mütter probierten Schuhe und Taschen aus.

«Papa, guck mal, das hab ich mir schon immer gewünscht», quengelte ein kleiner Junge, zog zigmal am Jackenzipfel seines Papas und zeigte auf ein Feuerwehrauto.

Nachdem der Vater für sich gut eingekauft hatte, konnte er den traurigen Augen seines Sohnes nicht widerstehen.

«Was willst du dafür haben?», wollte er von Felix wissen.

«Sechzehn Euro.»

Papa wurde weich und kaufte, ohne zu handeln, das Feuerwehrauto.

«Oma, wir haben schon mehr als die Standmiete.» Felix war begeistert. Die Sache begann ihm wohl Spaß zu machen, er verkaufte ein kleines Rennauto und ein Blechflugzeug und hatte bald fünfundzwanzig Euro in der Bauchtasche. Grete verkaufte zwei Pullover, die Bauchtaschen wurden schwerer.

Gegen elf Uhr war die Halle voll mit Kunden und Händlern. Stimmengewirr an allen Ecken.

«Frühstückspause!» Günter hielt Felix eine Dose hin. Lebkuchenduft breitete sich aus.

«Danke.» Felix langte zu.

«Ich lasse die Dose stehen, Jungs in deinem Alter haben immer Hunger. Bedien dich.»

Der zweite Ansturm begann am frühen Nachmittag. Tante Ellis Vase fand Interesse.

«Vierzig Euro», sagte Grete selbstsicher.

«Geht's auch für fünfunddreißig?»

«Nein», blieb Grete standhaft, und man einigte sich auf siebenunddreißig Euro fünfzig.

Die Dame bezahlte mit einen Fünfziger, das Wechselgeld gab's aus der Bauchtasche, und der Schein wanderte in den «Safe», den nur Grete kannte: Sie hatte im Mantelfutter eine tiefe Tasche eingenäht, die oben mit Klettband verschlossen wurde. So konnte das Geld nicht herausfallen, und selbst wenn man es herausholen wollte, musste man sich Mühe geben.

Grete konnte sehen, dass Felix derweil geschickt wegen der Ritterburg mit sämtlichem Zubehör verhandelte. «Die kostet achtzig Euro.»

«Das ist viel zu teuer.»

Das Ehepaar ging weg, aber Grete und Felix beobachteten, dass sich die beiden nicht einig waren. Die Frau kam zurück, gab Felix einen Hundert-Euro-Schein und sagte, dass sie keine Lust mehr habe, mit ihrem Mann noch länger durch die Gegend zu laufen, um genau diese Ritterburg zu suchen. Da komme es ihr auf zehn Euro nicht an. Glücklich holte Felix das Wechselgeld aus der Bauchtasche und gab Grete den Hunderter für ihren Safe. Nach und nach füllte sich die geheime Manteltasche, und Grete strich zärtlich mit der Hand über die kleine Beule unter ihrer Brust.

«Fünfzehn Uhr. Kaffeezeit», verkündete sie schließlich, stellte Pappbecher zwischen oft gelesene Bücher und das letzte Paar Schuhe. Jemand probierte eine Trompete aus. «Plätzchen gibt's auch», fügte sie hinzu, während sie eine Keksdose aus einer Tasche herausholte.

Alle langten zu, und als der Trompetenspieler *O du fröhliche* anstimmte, sangen sie mit. Keine Adventsfeier zu Hause hätte gemütlicher sein können.

«Bald können wir einpacken. Nach vier kommt keiner mehr.» Grete wusste das aus Erfahrung. «Aber erst brauche ich noch einen Kaffee, dann geht's mit Schwung zum Endspurt.»

«Okay, Oma, ich schaue mal eine Viertelstunde, was die Konkurrenz so bietet.»

«Mach das, Junge, und wenn es etwas Schönes gibt, bring's mit.»

«Wie war's Geschäft?», rief Regina vom Nebenstand rüber, während Felix davonging.

«Gut», antwortete Grete, und als sie einen Moment allein war, holte sie unauffällig die Scheine aus der Manteltasche und zählte nach. Dreihundertachtzig Euro! Nur die Scheine, dazu das Kleingeld. So gut war es lange nicht mehr gelaufen. «Das sind für jeden über zweihundert Euro», murmelte sie glücklich. Felix konnte den Herzenswunsch seiner Mutter erfüllen, sie würde Weihnachtsgeschenke einkaufen können, ohne auf den Pfennig zu schauen. Das ist ein schöner Tag, dachte Grete, und steckte die Scheine wieder tief in ihre Manteltasche.

Als Felix zurückkam, wurden die ersten Tische schon abgeräumt, die Restbestände für den nächsten Flohmarkt eingepackt.

«Oh, jetzt hab ich wohl zu viel Kaffee getrunken. Ich gehe noch mal schnell um die Ecke aufs Klo, dann packen wir auch zusammen.» Grete hatte es eilig, warf den Mantel über den Kleiderständer und verschwand um die Ecke.

Grete konnte aus dem Augenwinkel noch kurz sehen, dass drei junge Frauen am Stand vorbeigingen und über die letzten Angebote blickten. Sie waren Felix zunächst wohl gar nicht aufgefallen. Als eine zurückkam, setzte er ein gewinnendes Lächeln auf. Er wollte ganz offensichtlich den Verkaufserlös steigern.

Zu seinem Erstaunen zeigte die Frau zielstrebig auf Omas Mantel. «Was kostet der?»

«Einhundert Euro», antwortete Felix keck.

«Das ist zu teuer. Sagen wir vierzig?», schlug die Frau vor.

Dachte Felix an Gretes Gespräch mit Regina heute

Morgen, als Grete gesagt hatte: «Ab fünfzig aufwärts geht alles?»

«Siebzig», sagte Felix.

Die Frau zögerte einen Moment. «Gut», sagte sie dann und gab ihm das Geld.

Felix strahlte und packte den Mantel in eine große Tüte. «Viel Spaß damit und frohe Weihnachten», wünschte er, und sein Herz hüpfte augenscheinlich vor Freude. Er sah noch, wie die Frau ihren Freundinnen folgte und die drei die Messehalle verließen.

In diesem Moment kam Grete um die Ecke. «So, Junge, jetzt aber ruck, zuck alles eingepackt.» Sie wollte nach dem Mantel greifen, starrte auf den leeren Kleiderständer und ahnte, dass Felix den Mantel in der Zwischenzeit wohl verkauft hatte. Was hatte Regina heute Morgen eindringlich gesagt: «Pass auf, dass ihn dir keiner abkaufen möchte …»

Felix umarmte Grete aufgeregt. Er küsste sie ungeschickt auf die Nasenspitze und hob sie in die Höhe. «Oma, ich habe den Mantel verkauft! Oma, wir haben eben das Geschäft unseres Lebens gemacht!»

Grete schluckte ein paarmal. Dann strich sie dem Jungen übers Haar. «Gut gemacht, mein Junge.»

Und zum ersten Mal bemerkte sie, dass er doch ein wenig größer war als sie.

Eine runde Sache

Susanne Nöding

Ein Schneeball flog im hohen Bogen durch die Winterluft und landete auf dem Fenstersims. Da konnte er in die Küche hineinschauen, wo eine fleißige Köchin am Werk war. Sie schob einen Geflügelbraten, den sie mit Würze bestrichen hatte, zurück in den Backofen, warf noch einen prüfenden Blick darauf und sagte: «Nun kannst du ein Weilchen allein vor dich hin brutzeln, während ich die Beilagen vorbereite.» Dann machte sie sich daran, den Rotkohl zuzubereiten.

Eigentlich wäre es dem Schneeball jetzt lieber gewesen, wenn die Kinder, die ihn geformt hatten, ihn noch eine Weile hin und her fliegen lassen hätten. Aber die formten gerade neue Schneebälle und hatten ihn scheinbar schon vergessen. Vielleicht war er auch zu hoch geflogen und sie kamen nicht mehr an ihn heran.

Da hörte er ein munteres Blubbern durch das Küchenfenster und etwas, das sich wie ein Kichern anhörte. Auf dem Herd, neben dem die Köchin auf dem Küchentisch mit dem Krautkopf beschäftigt war, blubberten lustige Wasserblasen in einem kolossal großen Kochtopf. Sie schienen zu kichern vor Freude und Übermut.

«Um euch werde ich mich auch gleich kümmern», rief die Köchin in den Kochtopf hinein.

«Ach, wenn sich doch auch endlich wieder um mich jemand kümmern würde», seufzte der Schneeball und schielte nach den spielenden Kindern, welche immer noch eifrig andere Schneebälle fliegen ließen und dabei vor Lachen fast umfielen. Gelangweilt sah der Schneeball vom Sims aus dabei zu, wie die Köchin nun das zerhackte Rotkraut in einen mittelgroßen Kochtopf gab und neben den großen Topf auf den Herd stellte. Sie gab noch eine Tasse Wasser hinzu und streute etwas Gewürz darüber. Dann drehte sie an den Herdschaltern und verließ die Küche. Jetzt war nicht einmal mehr jemand da, dem der gelangweilte Schneeball beim langweiligen Kochen hätte zusehen können.

«Wie laaangweilig», dachte er und schielte nochmals missmutig nach den lachenden Kindern, die ihn hier oben ganz vergessen hatten. Da hörte er wieder dieses Kichern aus der Küche und wandte seinen Blick zum Fenster. Die Wasserblasen blubberten schwächer als vorher. Nanu! Was war denn das? Da war nicht nur Wasser in dem riesigen Topf. Etwas Weißes wurde unter dem Wasser sichtbar und tauchte langsam auf. Und es kicherte. Es war ein weißes rundes Ding, das genau seine Größe hatte, stellte der Schneeball mit Erstaunen fest.

«Ein Schneeball in kochendem Wasser?», wunderte er sich. Und während er sich noch wunderte, tauchte – schwupp – noch so ein Ball im Wassertopf auf. Und – schwupp – der nächste. Und noch einer. Lauter kochend heiße Schneebälle. Die Hitze tat ihnen gar nicht weh. Sie kicherten und riefen dem Schneeball auf der Fensterbank zu: «Hallo, hallo, du da draußen!»

«Hallo!», rief er zurück.

«Willst du mit uns spielen?», fragte ihn einer von den anderen.

«Sehr gerne würde ich das», antwortete der Schneeball traurig, «aber ich wüsste gar nicht, wie ich zu euch hineinkommen sollte. Und außerdem würde ich in solcher Hitze zerschmelzen.»

«Warum denn das?», fragte eine von den heißen Kugeln.

«Weil ich nur Kälte vertrage», sagte der eisige Schneeball und war traurig, dass er nicht mitspielen konnte. Da ging die Tür zur Küche auf, und die Köchin kam wieder herein.

«Ach, für euch ist es ja jetzt höchste Zeit», sagte sie und schaute dabei in den großen Topf hinein. «Ihr seid ja schön rund und fest geworden. Dann will ich euch einmal herausholen.»

Sie nahm zwei große Schüsseln aus dem Schrank und aus der Schublade eine Schöpfkelle, welche Löcher hatte wie ein Sieb. Mit der Kelle hob sie alle diese runden weißen Kerlchen aus dem heißen Wasser heraus und verteilte sie auf die zwei Schüsseln. Als beide Schüsseln gefüllt waren, schaute sie noch einmal nach dem Geflügel und rührte dann im Krauttopf.

«So, nun dürfte alles so weit sein», sagte sie. «Dann kann es ja losgehen.»

«Ooch», dachte der Schneeball auf dem Sims, «schon wieder geht gleich etwas los und ich bin nicht dabei.»

Da nahm die Köchin zwei Topflappen, öffnete den Backofen, holte den duftenden Braten hervor und trug ihn hinaus.

«Was habt ihr vor?», rief der Schneeball den anderen zu, die jetzt in der Schüssel saßen und gewaltig dampften. «Was wird als Nächstes da drinnen gespielt?»

«Wir wollen uns Witze und lustige Geschichten erzählen», antworteten sie, «du kannst ja von draußen zuhören.»

Das versuchte der Schneeball angestrengt. Aber draußen

war Wind aufgekommen, und der pfiff jetzt immer lauter und lauter, sodass der Schneeball immer nur Teile der lustigen Geschichten mitbekam und gar nicht richtig mitlachen konnte, weil er nicht alles verstand, was drinnen geredet wurde. Das missfiel ihm sehr.

«Wie laaangweilig», dachte er wieder und wünschte, er könnte sich zu den anderen in die Küche gesellen.

Da kam wieder die Köchin zurück und holte das Kraut vom Herd, füllte es in ein Gefäß und trug es hinaus. Gleich darauf kam sie noch einmal und trug auch eine von den beiden Schüsseln mit des Schneeballs runden Ebenbildern hinaus.

«Wo geht ihr hin?», rief er ihnen nach. Aber sie hörten nicht, was er fragte. Der Wind war zu heftig geworden und trug seine Stimme fort. Er aber hörte, dass die anderen drinnen weiterhin heiter kicherten.

«So», rief die Köchin den anderen in der zweiten Schüssel zu, «ihr bleibt hier stehen und kühlt jetzt schön ab. An euch werden wir anderntags noch Freude haben.» Dann schloss sie hinter sich die Küchentür.

Der Schneeball versuchte immer noch angestrengt zu verstehen, was in der Porzellanschüssel erzählt wurde. Aber da der Wind nun zu einem heftigen Sturm geworden war, der immer stärker tobte und pfiff, konnte der arme gelangweilte Schneeball nun gar nichts mehr von drinnen hören. Er vernahm am Ende der Geschichten und Witze, die in der Küche erzählt wurden, immer nur das laute Lachen und das helle Kichern, das in seiner Fröhlichkeit die lauten Geräusche des Windes durchdrang. Und er wünschte, er könnte auch drin sein. Aber das war ja nicht möglich. Bei Zimmertemperaturen würde er schmelzen. Also blieb ihm nichts übrig, als sich draußen auf der Fensterbank weiter zu langweilen. Er beobachtete durch die Scheibe, wie seine Freunde dampften und dampften, und dann immer weniger dampften, bis sie dann gar nicht mehr dampften.

«Wie laaangweilig», dachte er schon wieder. Da musste er gähnen und schlief ein.

Einige Zeit später gab es ein lautes Geräusch, er wachte auf. Die Küchentür war geöffnet worden und ein kleines Mädchen mit einem sehr hübschen Kleid war in die Küche gekommen. Es trug ein nettes Kochschürzchen. Und jetzt konnte er auch hören, was die Kleine sprach, weil der Wind sich gelegt hatte. Sie sagte zu den Kameraden in der Schüssel: «So, dann wollen wir mal. Tante Evelyn hat gesagt, ich soll euch einfrieren. Und ich soll bloß keinen von euch vergessen. Dann wollen wir also mal.»

Sie holte ein Behältnis, stellte es auf den Küchentisch und beförderte die weißen Kugeln alle nach und nach von der Schüssel dort hinein. Sie tat das sehr vorsichtig und sanft, wohl damit sie alle ihre schöne runde Form behielten. Und immer, wenn sie einen Ball mit der Kelle in das andere Gefäß gesetzt hatte, schaute sie in die Schüssel und sagte: «Einer nach dem anderen, und keiner wird vergessen.»

Traurig sah dies der Schneeball mit an. Denn ihm war klar, dass die Kugeln nun fortgebracht werden würden, wo er doch so gern mit ihnen gelacht hätte. Als das Mädchen dabei war, die letzte aus der Schüssel zu heben, sagte es wieder: «Einer nach dem anderen, und keiner wird vergessen.»

Da lief dem Schneeball aus Abschiedsschmerz eine Träne über die Wange, welche sogleich zu einem Eiskristall wurde.

«Puh», sagte da die Kleine, «hier drin ist ein ganz schöner Kochqualm.» Darauf ging sie ans Fenster, öffnete es und erblickte den Schneeball: «Wen haben wir denn da?», sagte sie und lief geschwind noch einmal zurück, um die Kelle zu holen.

«Einer nach dem anderen», sagte sie. «Und keiner wird vergessen.»

Nachdem sie den Schneeball zu den anderen in das Gefäß befördert hatte, öffnete sie die Gefriertruhe und stellte es hinein.

«Bis im neuen Jahr!», rief sie noch, schloss dann die Gefriertruhe, hängte ihr Schürzchen an den Haken und verließ die Küche.

Draußen legte sich der Wind im Laufe des Abends, bis er schließlich in dieser heiligen Nacht ganz verstummte. Umso deutlicher konnten nun die Mäuschen, die in der Küchenwand ihr Zuhause hatten, das immer lauter werdende fröhliche Kichern aus der Gefriertruhe hören, wo der Schneeball und seine Freunde sich jetzt Witze und lustige Geschichten erzählten.

Die Weihnachtsgurke

Anja Labussek

Es schneite nicht. Auch wenn der Wetterbericht etwas anderes vorhergesagt hatte. Aber die gesamte Adventszeit war ohne Schnee vorübergegangen – warum sollte sich das ausgerechnet am 23. Dezember ändern, dachte Marion. Als Kind hatte sie die tanzenden weißen Flocken geliebt, doch das war lange her. Nun blies ihr ein eisiger Wind entgegen und sie zog den Wollschal fester um den Hals, während sie in der Abenddämmerung dem Hauptplatz entgegenschritt, auf dem der Weihnachtsmarkt stattfand.

Ihr täglicher Fußweg zur Arbeit und zurück führte daran vorbei, doch mehr als einen flüchtigen Blick hatte sie nie auf die Holzbuden geworfen, in denen Kunsthandwerk und Leckereien angeboten wurden. Weihnachten war etwas für Verliebte und für Familien mit Kindern, fand Marion, und sie gehörte zu keiner der beiden Gruppen. Was sie keinesfalls bedauerte. Sie würde die freien Tage ganz entspannt für sich allein verbringen – ohne Weihnachtsgans, ohne blinkende Lichterketten, ohne Stress und überzogene Erwartungen.

Es herrschte großes Gedränge auf dem Weihnachtsmarkt an diesem Tag vor Heiligabend. Menschen mit gespannten Gesichtern eilten von Bude zu Bude, auf der Suche nach Geschenken in letzter Minute, andere scharten sich um den

Glühweinstand, um sich mit einem dampfenden Getränk auf die Feiertage einzustimmen. Marion nahm all das schulterzuckend zur Kenntnis. Heißen Rotwein, der im Nu zu Kopfe stieg, hielt sie für völlig überbewertet, die Jagd nach Präsenten sowieso. Sie beschleunigte ihre Schritte. Ab nach Hause und die Beine hochlegen!

«Verzeihung, junge Frau, ich glaube, Sie haben etwas verloren.» Die Stimme hinter ihr klang tief und sonor. Marion fuhr herum. Ein Greis mit Rauschebart und durchdringenden blauen Augen blickte sie an. Sie musste an den Weihnachtsmann denken, nur dass der Alte hinter ihr keinen roten Anzug mit Pelzbesätzen trug, sondern bloß einen dunklen Mantel. Zudem fehlte ihm die charakteristische Mütze.

Marion griff nach ihrer Handtasche, doch die hing gut verschlossen über der Schulter. Und in ihren Manteltaschen befand sich nichts, das hätte herausfallen können.

«Ich verstehe nicht, was soll ich denn verloren haben?», fragte sie den Unbekannten.

«Wie soll ich es nennen – vielleicht die Fähigkeit zu staunen? Oder ganz einfach die Vorfreude auf Weihnachten?»

Marion runzelte die Stirn. Was fiel dem Fremden ein? «Und wenn schon: Ich glaube kaum, dass Sie das etwas angeht», gab sie zurück.

«Da haben Sie recht. Ich möchte Sie trotzdem zu einem kleinen Experiment einladen. Keine Sorge, es kostet Sie nichts, und ich will auch nicht Ihre Handtasche stehlen.»

Er zwinkerte ihr freundlich zu, und Marions Misstrauen wich ein Stückchen, selbst wenn sie immer noch skeptisch war.

«Na gut, dann lassen Sie mal hören», sagte sie. Wenn sie ein paar Minuten später nach Hause käme als geplant, war das im Grunde auch egal. Dort wartete ohnehin niemand auf sie.

Der Greis wies auf die majestätische Tanne vor ihnen, die sich als Mittelpunkt des Weihnachtsmarktes in den Winterabendhimmel reckte. «Hand aufs Herz: Sie eilen jeden Tag an diesem Baum vorbei, aber Sie haben ihn noch nie bewusst wahrgenommen, stimmt's?», fragte er. «Nehmen Sie sich nur eine Minute Zeit, ihn zu betrachten. Ihn mit all Ihren Sinnen zu erfassen. Das ist alles.»

«Und wozu?», wollte Marion von dem Alten wissen. Der lächelte stumm und bedachte sie mit einem nachsichtigen Blick, der in etwa «Fragen Sie nicht, tun Sie's einfach» bedeutete.

Also trat Marion an den Baum heran, so nah, dass die Tannennadeln fast ihre Nasenspitze berührten und sie den Duft nach Harz und Winterwald riechen konnte. Zahllose Lämpchen in den Zweigen funkelten in der Dunkelheit und warfen ihre Lichter auf die Strohsterne und Christbaumkugeln, mit denen die Tanne geschmückt war. In diesem Moment sah Marion einen kleinen Gegenstand im Geäst hängen und stutzte. Sie kniff die Augen zusammen, öffnete sie wieder. Da bauten sich schon längst vergessen geglaubte Bilder und Erinnerungen vor ihrem inneren Auge auf: Das war doch …

«Eine Weihnachtsgurke?» Irritiert blickte Marion ihren Klassenkameraden Mike an. «Nie gehört.»

Die beiden waren nach Schulschluss auf dem Heimweg an diesem eisigen Dezembertag. Mike sah sie an, seine Wangen leuchteten rot, ob aus Verlegenheit oder wegen der Kälte, war nicht auszumachen. «Und dabei heißt es in den USA, dass das ein alter deutscher Weihnachtsbrauch ist. Seltsam nur, dass hier kaum einer die Weihnachtsgurke kennt.»

Mike hatte einen amerikanischen Vater und war erst vor kurzem mit seinen Eltern nach Deutschland gezogen. Dank seiner Mutter sprach er fast akzentfrei Deutsch.

«Mein Vater isst gerne saure Gurken, das hat aber nichts mit Weihnachten zu tun», erwiderte Marion. Sie fragte sich, wie Mike überhaupt auf dieses Gesprächsthema gekommen war. Er war anders als die anderen Jungs aus ihrer Klasse, so viel stand fest.

Mike lächelte scheu. «Die Weihnachtsgurke ist nicht echt, sondern aus Glas geblasen, wie die Christbaumkugeln. Man hängt sie in den Weihnachtsbaum, ein bisschen versteckt zwischen den Zweigen und dem übrigen Schmuck. Wer sie dort am Heiligen Abend als Erster entdeckt, dem winkt ein Extra-Geschenk – und viel Glück im neuen Jahr.»

«Ist ja nett», antwortete Marion kurz. Alte Bräuche interessierten sie nicht sonderlich, eher schon die Frage, ob der süße Patrick aus der zehnten Klasse sie auch so sehr mochte wie sie ihn und ob er ihr etwas zu Weihnachten schenken würde. Gerade kamen sie am Sportplatz vorbei, wo sie Patrick und seinen Kumpels nach der Schule oft beim Fußballtraining zuschaute. Aber leider herrschte dort heute gähnende Leere. Wahrscheinlich war es einfach zu kalt zum Fußballspielen.

Mike schien ihre Enttäuschung nicht zu bemerken und erzählte stattdessen eifrig von dem deutschstämmigen Soldaten John Lower, der im amerikanischen Bürgerkrieg in Georgia in Gefangenschaft geraten war, schwer krank wurde und den Gefängniswärter am Heiligen Abend um eine saure Gurke bat, als letzten Wunsch vor seinem bevorstehenden Tod. Aus Mitleid erfüllte der Wärter diesen Wunsch, und John Lower wurde auf wundersame Weise wieder gesund. Nachdem er zu seiner Familie zurückkehren konnte, hängte er aus Dankbarkeit fortan jedes Jahr eine Gurke in den Weihnachtsbaum. So habe der Brauch seinen Anfang genommen, behauptete Mike.

«Und daran glaubst du wirklich?», wunderte sich Marion. «Ehrlich gesagt habe ich jetzt auch Hunger, aber nicht gerade auf eine saure Gurke.»

«Hast du Lust, mit zu mir zu kommen? Wir könnten uns Sandwiches machen und einen Film anschauen», fragte Mike, und seine Wangen wurden noch eine Spur röter.

Sie schüttelte den Kopf. «Keine Zeit, sorry. Vielleicht ein anderes Mal.»

Sie fand Mike ganz okay, aber mehr nicht. Was sollte man auch von einem Jungen halten, der sich für ominöse Weihnachtsgurken begeisterte? Cool war er nicht. Ganz im Gegensatz zu Patrick, dessen verwegener Blick aus wasserblauen Augen Marions Herz aus dem Takt brachte.

Wie wild klopfte ihr Herz auch eine Woche später, als sie am Morgen des 24. Dezember ein Päckchen mit roter Schleife vor der Tür ihres Elternhauses entdeckte. *Für Marion* stand in großen Lettern darauf. Sie hielt den Atem an. Ob das Päckchen von Patrick stammte?

Mit zitternden Fingern öffnete sie den Karton, nahm das Seidenpapier heraus und spürte den länglichen Gegenstand, der darin eingewickelt war. Sie hielt den Atem an, als sie das Papier löste – und die Enttäuschung fuhr ihr wie ein Schlag in die Magengrube. Keine Liebesgabe von Patrick, begleitet von zärtlichen Worten, stattdessen …

«Eine Weihnachtsgurke!», rief Marion verblüfft in die Zweige der riesigen Tanne auf dem Marktplatz. Klein, grün und glänzend hing sie im Baum, wie ein Gruß aus einer längst vergangenen Zeit.

Der weißbärtige Greis neben ihr lächelte. «Kommt sie Ihnen bekannt vor?»

«Ich habe mal eine geschenkt bekommen, vor langer Zeit. Aber ich konnte nichts damit anfangen.»

Marion sprach eher mit sich selbst als mit ihrem Gegenüber. Sie dachte zurück an jenen 24. Dezember vor über zehn Jahren, als sie die Gurke enttäuscht in den Karton zurückgeworfen hatte. Und wie enttäuscht wiederum Mike deshalb gewesen war. Der schöne Patrick dagegen bandelte mit der ebenso schönen Isabelle an, und nach vielen durchweinten Nächten hatte sich Marion damals geschworen, das Thema «männliche Wesen» erst einmal abzuhaken. Wenn sie ehrlich war, dann hatte sich daran bis heute nicht viel geändert.

«Die Bedeutung mancher Dinge erschließt sich uns nicht sofort. Oft dauert das seine Zeit», sagte der Alte. «Viel Glück im neuen Jahr ist Ihnen jedenfalls sicher – Sie wissen doch, dass man das demjenigen nachsagt, der die Weihnachtsgurke am Baum entdeckt? Sie zeigt das Besondere im Alltäglichen und symbolisiert die kleinen und großen Wunder, die möglich sind, wenn man nur fest daran glaubt. Das ist ihr Geheimnis.»

Marion legte den Kopf schief. «Wer sind Sie eigentlich? Eine Art Wanderprediger? Ein Hobby-Philosoph? Oder womöglich der Weihnachtsmann, inkognito?»

«Vielleicht von alledem etwas», erwiderte der Mann. «Vielleicht aber auch nur ein Produkt deiner Phantasie.» Er wandte sich zum Gehen. «Ich muss jetzt los. Alles Gute für dich. Und frohe Weihnachten, Marion!»

«Frohe Weihnachten …» Sie stutzte, weil sie nicht wusste, wie sie ihn anreden sollte. «Woher kennen Sie eigentlich meinen Namen?», rief sie ihm hinterher, aber da war ihr Gesprächspartner auch schon in einer Menschentraube auf dem Weihnachtsmarkt verschwunden.

Marion stieß die Luft aus und betrachtete das weiße Atemwölkchen, das sich vor ihrem Mund bildete. Menschen stürmten an ihr vorbei, lachende Familien und turtelnde Pärchen, doch für sie stand in diesem Moment die Zeit still. Was mochte aus ihrer Weihnachtsgurke von damals geworden sein? Ob sie noch in irgendeinem verstaubten Karton auf dem Dachboden ihres Elternhauses in der Eifel stand?

Fahr doch hin und schau nach, sagte eine leise Stimme in ihr. Wenn du morgen zeitig aufbrichst, dann könntest du es rechtzeitig zur Bescherung schaffen. Und du weißt, wie sehr sich Ma und Pa freuen würden, dich an den Feiertagen zu sehen.

Ach, ich mache mir doch gar nichts aus Weihnachten, hielt sie dagegen, aber es klang nicht so unumstößlich, wie sie erwartet hätte.

Nachher würde sie im Internet schauen, was eine Fahrkarte nach Gerolstein kostete. Einfach so, ganz unverbindlich. Und bei der Gelegenheit vielleicht Mikes Namen in eine Online-Suchmaschine eingeben. Wie es ihm heute gehen mochte? Ob er vielleicht in diesem Moment beim Schmücken des Weihnachtsbaumes eine Gurke aus geblasenem Glas aufhängte, wo auch immer auf der Welt er sich gerade befand?

Halt, bremste sie ihre Gedanken. Jetzt erst mal ab nach Hause und einen heißen Tee trinken. Immer schön ein Schritt nach dem anderen.

Es schneite noch immer nicht, fiel Marion auf, als sie weiterging und ein Teil der Menschenmenge wurde. Wetterfrösche konnten sich irren. So wie sie selbst, dämmerte es ihr. Auch wenn es einer gläsernen Weihnachtsgurke bedurfte, um das zu erkennen.

Und nächstes Jahr?

Edgar S. Hasse

Das gleißende Licht der Sonne, die Tag und Nacht schien, schmerzte in seinen Augen. Er nestelte an der rechten Seitentasche seiner roten Jacke, um die Sonnenbrille aufzusetzen, und sah, dass die anderen Rotjacken an diesem Weihnachtstag außer sich vor Freude waren. Seine Frau nippte an einem Glas Champagner, andere begannen, sich selbst zu fotografieren. Er hatte Roswitha lange nicht so vergnügt gesehen.

Sie trug, wie die anderen, kniehohe Gummistiefel mit rutschfesten Sohlen. Und so tollte sie herum wie ein Kind auf der harschen Eisfläche, die so groß war wie ein Fußballfeld.

«Was für ein Fest!», rief Roswitha ihm zu.

«Ja, wundervoll. Letztes Jahr in der Karibik und nun hier.»

Vorsichtig setzte er ein Bein vor das andere und fühlte den festen Grund unter seinen Stiefeln. Es war für ihn ein erhebendes Gefühl, einem Gebilde aus gefrorenem Wasser, geformt von den Naturgewalten, so nahe zu sein. Die Eisscholle, die da im Südpolarmeer schwamm, schien tatsächlich gewachsen zu sein für die Gruppe B der Kreuzfahrtpassagiere, der er mit seiner Gattin Roswitha angehörte. Sonst, sagte er sich, hätte die Schiffsleitung diesen Landgang niemals genehmigt. Die meterdicke Eisscholle verfügte an ihren

Enden über karstige Abbruchkanten, an denen beständig das Meer nagte, was ihre Fragilität erahnen ließ. Ach was, sie wird uns bestimmt tragen, sagte er sich.

Dieser Gedanke beruhigte ihn, und so steuerte er den langen, weiß gedeckten Tisch an, den die Kellnerinnen zuvor auf die Scholle gebracht hatten. Eine Servicekraft, die auf ihrem Haar eine rote Weihnachtsmannmütze trug, begrüßte ihn freundlich.

«Frohe Weihnachten, Herr Doktor Flachsbarth. Darf ich Ihnen einen Gläschen Champagner reichen?»

Es zählte nicht zu seinen Gewohnheiten, Alkohol auf Eisschollen zu konsumieren. Aber der strahlend blaue Himmel, der sich über den Eisbergen und der sanften See nach zwei stürmischen Tagen gleichsam als ein Zeichen des Weihnachtsfriedens wölbte, weckte in ihm die Leichtigkeit des Seins, die ein Schluck dieses Getränks nur noch vollenden konnte.

«Prost, Roswitha!»

Sie hörte ihn nicht, weil sie gerade einer Dame aus der Suite der Eigentümer des Schiffes, deren Wangen von der intensiven Sonneneinstrahlung zu glühen begannen, einen langen Vortrag über die Folgen eines ungeschützten Aufenthalts im Freien hielt. Roswitha hatte aber wieder an alles gedacht. Sie öffnete ihren Rucksack, kramte eine Tube mit der Sonnencreme eines französischen Herstellers hervor, Lichtschutzfaktor fünfzig, und reichte sie weiter.

Wenn sie sonst nur immer so fürsorglich gewesen wäre, sagte er sich. Vor allem zu unserer Tochter. Aber nein, ihr ist ja nie etwas genug. Solche Gedanken zogen aber nur für Bruchteile von Sekunden durch seinen Kopf. Denn das weißblaue Panorama, dessen er staunend stehend ansichtig wurde, versöhnte ihn mit der Welt.

Es wunderte ihn nur, dass die Zeit nicht verging. Längst hätten Schlauchboote die Ausflügler zurück an Bord bringen müssen. Die Zeit schien vielmehr still zu stehen, seit sie auf diesem schwimmenden Etwas an Land gegangen waren. Gerade die Abwesenheit des Chronometers verstärkte in ihm das Gefühl, wie er es früher als Kind zu Weihnachten immer empfand. Ein tiefes Erfülltsein, ein schier endloses Verschmelzen von Sein und Sinn.

Er betrachtete das vorläufige Verschwinden der Zeit als einen besonderen Effekt dieser Reise. Schließlich hatte der Reiseveranstalter «neue Wege für die Entschleunigung» versprochen. Leider lag seine Armbanduhr auf dem Nachttisch der Kabine, sodass er nicht wusste, wie lange diese Entschleunigung nun schon andauerte.

«Roswitha, wann geht's wieder zurück an Bord?»

Sie hörte ihn wieder nicht, weil sie gerade mit einem Matrosen sprach, der wild mit den Händen gestikulierte und sichtlich erregt war. Von weitem sah er, wie der Matrose mit einem Mobilgerät telefonierte. Die Unruhe, die zunächst bei Roswitha und dem Matrosen zu bemerken war, ergriff auch die anderen Passagiere. Während sie sich um den Matrosen versammelten, blieb Doktor Flachsbarth im Hintergrund stehen. Er wollte sich seine Tiefenentschleunigung wegen einer spontanen Massenansammlung bei einem Crewmitglied niederen Ranges nicht nehmen lassen. Schließlich hatte er für diese Kreuzfahrt viel, sehr viel Geld bezahlt.

Vorsorglich nahm er seine Sonnenbrille ab, um nach dunklen Wolken Ausschau zu halten. Das Wetter kann in diesen Regionen der Welt von einer Minute auf die andere umschlagen. Es müssten nur katabatische Winde von den Gletscherfronten herabwehen, und sie säßen auf dieser Scholle fest. Aber der Himmel strahlte blau und klar. So verstand er nicht, warum der Weihnachtsgesang der Kellnerinnen nach der zweiten Strophe plötzlich verstummte und alle gebannt auf den Matrosen schauten. Der baute sich, einer Amtsperson gleich, vor den Passagieren der Gruppe B auf und verkündete etwas mit ernster Miene.

Er mochte solche Menschenansammlungen nicht, sondern wollte in gebotenem Abstand selbst in Erfahrung bringen, was der Grund für die Aufregung war.

Da sah er, wie das Schiff längst seine ursprüngliche Position verlassen und gedreht hatte. Oder war es die Eisscholle? Und er sah, dass die Schlauchboote, die sie eigentlich zurück an Bord bringen sollten, verschwunden waren. Er verstand nicht viel von der unterschiedlichen Konsistenz des Eises, aber seinen Augen blieb nicht verborgen: Sie saßen fest, weil Packeisströme sich wie eine schwimmende Lava um die Scholle zu ergießen begannen – je länger er dieses Schauspiel betrachtete, desto stärker wurden die Eisströme.

«Der Matrose sagt, die Schlauchboote schaffen es nicht, durch das Packeis zu fahren», rief Roswitha ihm zu und bereitete seinem gefühlten Weihnachtsfrieden ein jähes Ende. «Ich habe dir gleich gesagt, dass Menschen auf einer Eisscholle nichts zu suchen haben, schon gar nicht am ersten Weihnachtstag. Aber du kannst ja nie genug kriegen.»

«Ich? Wer will denn seit Jahren Weihnachten immer verreisen?»

«Und wer will nicht mit unserer Tochter und ihrem Mann feiern, nur weil der aus Russland kommt?»

Eigentlich wollte er ihr das nicht sagen, aber im Angesicht drohender Erfrierungen, zu Ende gehender Champagnervorräte und fehlender Toiletten begann bei ihm der Geduldsfaden, den er in vierzigjähriger Ehe gesponnen hatte, zu reißen.

Es quälte ihn außerdem ein dringendes Bedürfnis, das er eilends gern verrichtet hätte. Aber es gab hier weder einen Baum noch einen Strauch, dafür aber die Blicke der Passagiere von der Gruppe A, die an Bord geblieben waren und von dem jetzt mit der Bugspitze Richtung Scholle sich herantastenden Kreuzfahrtschiff aus Foto- und Videoaufnahmen vom Schicksal der anderen machten. Auch Roswitha zückte ihr Handy und filmte das nahende Schiff, nachdem sie sich ein Glas Whiskey mit Eisschollen-Eis genehmigt hatte.

Die Rettungsaktion scheiterte. Das Schiff musste abdrehen und versuchte nun, mit der Steuerbordseite parallel zur Scholle anzulegen, um die Passagiere zu bergen. Wie lange müssen wir noch in der Kälte ausharren?, fragte er sich. Wie gern säße er jetzt zu Hause, auf seinem Sofa unterm Weihnachtsbaum. Es wäre ein ruhiges, gemütliches Fest geworden. Vielleicht wären sie zur Tochter nach Süddeutschland gefahren, wenn Roswitha sich endlich mit ihr ausgesöhnt hätte. Am liebsten würde er jetzt eine warme Dusche nehmen.

Die Stimmung bei den Passagieren war inzwischen auf den Gefrierpunkt gesunken. Selbst der Alkohol konnte die letzten Wärmereserven nicht mehr mobilisieren. Etliche schimpften über den Kapitän.

Plötzlich stand Roswitha vor ihm. Sie zitterte am ganzen Körper, ihre Augen tränten.

«Hoffentlich holen die uns bald raus hier», bibberte sie und schaute ihn an. «Nächstes Weihnachten sollten wir lieber zu Hause bleiben.»

Nach einer wahren Begebenheit.

Tante Hedwigs Friedensreiche

Lieselotte Benedict

Tante Hedwig legte ihre beiden Hände, die sie zu ovalen Schalen geformt hatte, aneinander und erklärte: «Siehst du, so groß ist ein Gänseei, dreimal so groß wie ein Hühnerei.»

Ich war beeindruckt. Ein Hühnerei war schon eine Kostbarkeit. Drei davon zu besitzen war ein großes Glück, denn dann konnte man einen feinen Rührkuchen backen. Man konnte, wie Tante Hedwig sagte, mit einem Gänseei einen Kuchen backen – so ein Gänseei wollte ich aber erst einmal sehen, bevor ich das glaubte. Und das geschah schneller, als ich dachte.

Tante Hedwig war es gelungen, eine lebendige Gans zu erhamstern – so nannte man die damaligen Tauschgeschäfte. Dabei ging es meist um Lebensmittel, die als eine Art Geldersatz fungierten. Damit war ein neues Tier auf den Hof gekommen, und die Gans bekam gleich einen Namen: Da gerade der Krieg beendet worden war, nannte sie Tante Hedwig «Friederike», also «die Friedensreiche».

Als einziges Kind in einem Haus voller Erwachsener, die wenig Zeit für den Nachwuchs hatten, war ich geradezu eng befreundet mit den Tieren des Hofes. Bei den großen Tieren, vor allem bei den Pferden, war Vorsicht geboten. Es war besser, nicht zu nahe an sie heranzukommen. Die liebsten Streicheltiere waren die Katzen. Wenn ich sie streichelte und sie schnurrten, sang ich leise dazu, und das war schön. Am besten verstand ich mich mit einer Ziege. Ich nannte sie kurzerhand «meine Ziege». Wenn ich mit ihr sprach, hielt sie den Kopf schief. Machte ich eine Pause, machte sie «Mäh!», und ich fühlte mich voll verstanden. Dann gab es noch die Weglauftiere, die nur kamen, wenn man sie fütterte, wie zum Beispiel die Hühner. Zu dieser Gruppe gehörte nun auch Friederike, und es missfiel mir sehr, dass sie mit ihrem langen Hals und dem langen Schnabel die armen Hühner verscheuchte und ihnen fast alle Körner wegfraß. Der Name schien ein Fehlgriff zu sein.

Aber Tante Hedwig wartete gespannt auf die großen Eier und verzieh ihr alles. Gutes Zureden und Extraportionen Körner schienen allerdings nicht zu wirken. Ein Gespräch mit dem vormaligen Gänsebesitzer brachte die Lösung: Friederike war einsam, sie brauchte eine Gespielin.

Eine weitere Gans wurde angeschafft. Ich erinnere mich nicht, dass sie einen Namen bekam. Ich weiß aber noch gut, dass wir immer noch keine großen Eier hatten. Weiterer Rat wurde eingeholt. Natürlich, ein Ganser musste her. Auch er wurde für Friederike angeschafft.

Die gesamte Idylle des Wiesengartens hinter dem Bauernhaus war dahin. Keine meiner Freundinnen wagte sich mehr in den Hof, denn der Ganser kam sofort angezischt mit langgestrecktem Hals und machte Miene, jeden zu beißen, der in seine Nähe kam. Hinter ihm watschelten mit lautem Geschnatter Friederike mit Gespielin. Letztere begann wirklich irgendwann Eier zu legen. Aber auch eine Eier legende Gans konnte Tante Hedwig über die sich verweigernde Friederike nicht hinwegtrösten.

Und so kam es, wie es kommen musste. Ein neues Weihnachten nahte, und Tante Hedwig dachte über einen Gänsebraten nach. Bei meinem üblichen Rennen durchs Haus – Gehen in normalem Tempo klappte nicht, wie bei allen Kindern – kam ich durch die Küche und blieb wie vom Donner gerührt stehen, um dann gleich wieder weiterzurennen: Da hatte doch wirklich Tante Hedwig weinend neben dem Küchenherd gesessen, in einer Hand hielt sie eine Gans, mit der anderen Hand rupfte sie deren Federn. Es war nicht zu fassen. Tante Hedwig weinte nie, sie war meistens fröhlich, und Tiere zu schlachten gehörte doch zum Leben auf dem Bauernhof. Auch wenn ich selbst mich nie ans Schlachten gewöhnen konnte und deswegen auch kein Fleisch aß. Aber damit war ich alleine in der Familie, für alle anderen war Fleisch das Feinste.

Geradezu verwirrt setzte ich mich im Hausflur auf die Stiege und verstand die Welt nicht mehr. Ich habe wohl lange da gesessen, bis meine Mutter vorbeikam und sich über ihr zerknirschtes Kind wunderte. Bange erzählte ich von meiner Beobachtung und erfuhr, dass die Gans, die in der Küche von Tante Hedwig gerupft wurde, keine andere war als die Friedensreiche. Da sie in all den Monaten nicht ein Ei gelegt hatte, war Tante Hedwig die Geduld ausgegangen. Aber als sie, wie auch immer, in Friederike hineinschaute, musste sie feststellen, dass Friederike in Kürze Eier gelegt hätte. Das war natürlich sehr schlimm.

Als Friederike auf der weihnachtlichen Festtafel braun gebraten angerichtet war, zeigte Tante Hedwig keine Spur mehr von Trauer. Mit großem Appetit aß sie von der Weihnachtsgans.

Und ich, ich verstand die Großen mal wieder nicht.

Die letzte Mieterin

Detlef Schönewald

Der Winter 1978 war eisig. Zur Weihnachtszeit türmte sich der Schnee an den Straßenrändern zu Mauern. Der Altbau an der Ecke blickte aus schwarzen Fensterlöchern in das Schneetreiben. Nur vereinzelt quälten sich Autos über die zugeschneiten Straßen.

Das Wimmern war im scharfen Ostwind kaum zu hören. Erneut vernahm er Klagelaute. Sie kamen von der Straße, hinter der Schneemauer. Seine Hilfe war vonnöten. Ohne Zögern ging er den menschlichen Lauten nach und fand sie im Schnee, auf der Straße liegend: eine alte, gebrechliche Frau, die gestürzt war und aus eigenen Kräften nicht mehr hochkam.

Ihr schwacher Körper zitterte in der Kälte, zumal ihre leichte Bekleidung kaum Schutz bot. Als er sich zu ihr niederbeugte, drehte sie den Kopf ein wenig nach oben. Ihre hilfesuchenden Augen erregten sein Mitleid. Mühsam half er ihr zuerst auf die Knie, dann stützte er sie beim Stehen. Zum Glück konnte sie noch laufen.

Er hatte diese Frau noch nie gesehen. «Wo wohnen Sie? Ich bringe Sie nach Hause.»

Statt einer Antwort deutete sie mit einem Nicken in Richtung Eckhaus.

«Sind Sie sich sicher? In dem Haus wohnt doch keiner mehr.»

Mit schwachem Druck drängte sie ihn zur Haustür und über den Hof zum Eingang des Seitenflügels. Tief verschneit lag der Hinterhof im Dunklen. Das Gebäude befand sich in einem völlig verwahrlosten Zustand. Glaszacken zerbrochener Fensterscheiben hingen in den Rahmen, Türen pendelten im Wind, die Flurbeleuchtung funktionierte nicht mehr. In solch einem Haus kann man doch nicht leben, dachte er, als er der zitternden Frau Stufe für Stufe hinaufhalf.

Ihre Wohnung lag im zweiten Stock. Ein dünner Draht hielt die Tür verschlossen. Im Flur zündete die Frau einen Kerzenstummel an. Strom und Gas waren abgedreht. Sie ging geradeaus auf ihre Wohnung zu, öffnete die Tür und stellte das Kerzenlicht auf den einzigen Tisch in der Einzimmerwohnung.

Was er im schwachen Lichtschein sah, überraschte ihn: Das Zimmer machte einen aufgeräumten, reinlichen Eindruck. An der Längswand ein einfaches Bett, dessen Bettzeug akkurat gerichtet war, über dem Bett ein Bord mit einer Sammlung kleiner Schnapsfläschchen, alle in Reih und Glied aufgestellt, in der Ecke ein Kachelofen, am Tisch zwei Stühle. In der hinteren, unbeleuchteten Zimmerecke konnte man einen Schrank vermuten. Die Wände schmucklos, bis auf zwei alte Fotografien in kleinen Rahmen über dem Tisch. Soweit es die schwache Beleuchtung erlaubte, erkannte er auf einem der Fotos ein Hochzeitspaar. Die Braut mit hochgestecktem Haar und Hut, ein dunkles Kostüm mit breitem Revers, einen Blumenstrauß in den Händen. Ernst, nur mit der Andeutung eines Lächelns, schaut der Bräutigam in die Kamera. Er trägt eine Uniform niederen Ranges. Im zweiten, etwas kleineren Rahmen ein lachendes Kindergesicht, ein Mädchen mit Zöpfen im schulpflichtigen Alter. Hinter dem Rahmen steckten bunte Bildchen der Jungfrau Maria, wie man sie häufig als Lesezeichen in Gesang- und Gebetbüchern benutzt.

Der Raum schien längere Zeit nicht beheizt worden zu sein. Die Frau setzte sich müde auf den Bettrand. Widerstrebend dankbar ließ sie sich ins Bett legen.

Ich kann sie doch jetzt nicht ihrem Schicksal überlassen und einfach fortgehen, dachte der Mann. Er wohnte im Haus auf der anderen Straßenseite. Es wäre ihm nur eine kleine Mühe, aus seiner Wohnung heißen Tee, etwas zu essen und Brennmaterial zu holen.

Als er nach einer halben Stunde zurückkehrte, lag die alte Frau noch wach und mit offenen Augen regungslos im Bett. Er machte sich am Kachelofen zu schaffen. Die Frau hatte bisher geschwiegen, nun suchte sie nach Worten, immer wieder von trockenem Husten unterbrochen.

Der Mann hatte das Feuer im Ofen in Gang gebracht und ließ sich auf einem Stuhl neben dem Bett nieder. Die Alte setzte sich halb auf, trank etwas Tee und aß von den belegten Broten. Ihren Helfer schaute sie nicht an. In den langen Pausen beim Essen schien sie sich mit Menschen in ihrer Erinnerung zu unterhalten, stockende Worte und Sätze, den Blick geradeaus in die Dunkelheit gerichtet. Manchmal lachte sie dumpf, manchmal wirkte sie ungeduldig: Er käme sicherlich bald, um sie abzuholen. Sie müsse morgen zur Arbeit in die «Gerichtsklause». Man habe sie vergessen, sie lasse sich das nicht bieten. Plötzlich griff sie die Hand des Mannes: «Schweine, alles Schweine!»

Erschöpft lockerte sie den Griff, ihre Hand fiel auf die Bettdecke zurück. Nach und nach beruhigte sie sich. Sie schwieg eine Weile, atmete gleichmäßig. Dann begann sie zu singen. Unsaubere, heisere Töne zuerst, die sich immer deutlicher zu einer Melodie fügten, bis sie ganz leise, mit zittriger, dünner Stimme *Stille Nacht, heilige Nacht* sang. Ihr Singen brach ab bei der Zeile *Schlaf in himmlischer Ruh.*

Eine große Müdigkeit überkam sie, ihre Atemzüge gingen allmählich in den Schlafrhythmus über. Der Mann schaute noch einmal nach dem Kachelofen und verschraubte die Ofentüren.

Dann verabschiedete er sich, morgen komme er wieder, vorsorglich wolle er aber die Polizei benachrichtigen.

Der nächste Morgen brachte Neuschnee und strengen Frost. Mit heißem Kaffee und Briketts machte der Mann sich auf den Weg. Bei Tageslicht wirkte das verlassene Haus noch trostloser. Dass hier noch jemand wohnte, schien unglaublich.

Er stieg hoch in den zweiten Stock. Die Wohnungstür stand einen Spaltbreit offen, das Drahtstück baumelte an einer Öse. Seine Rufe blieben ohne Antwort.

Als er die Tür öffnete, fiel sein Blick auf das akkurat gerichtete Bett. Die Fotos hatte jemand von der Wand genommen, die Bildchen der Jungfrau Maria lagen am Boden. Der Kachelofen war noch lauwarm. Die alte Frau war verschwunden.

Ein schwarzer und ein weißer Engel

Anette Friedhoff

Er sah nicht so aus, wie er eigentlich aussehen sollte: Von einem kleinen süßen Engel erwartete man doch einen goldigen Lockenschopf, gerötete Pausbacken und ein liebes Gesichtchen. Aber unser kleiner Engel entsprach diesem Idealbild keinesfalls, im Gegenteil: Da, wo das goldige Lockenschöpfchen sein sollte, sah man rabenschwarzes Haar, das gut einen Kamm oder eine Bürste gebrauchen konnte. Und weder besaß unser Engelchen Pausbacken noch waren diese zart gerötet. Oder doch, wenn man genau hinsah, konnte man es erkennen: Eine leichte Röte lag auf seinem Gesicht. Lag es etwa an der Kälte? Ganz sicher sein konnte man sich da nicht. Da das Gesicht unseres kleinen Engels in Zornesfalten lag, bestand auch die vage Möglichkeit, dass es sich um Zornesröte handelte.

Aber musste dieser Himmelsbote nicht eigentlich Frieden und Freude verbreiten? Ja, eigentlich schon. Aber irgendwie klappte das nicht, wenn man so verärgert darüber war, dass man ja überhaupt nicht aussah wie ein Engel.

So ging unser kleines Kerlchen – dem man auch sonst nicht ansah, dass er ein himmlisches Geschöpf war, denn er trug keine Flügel – durch die weihnachtlich beleuchteten Straßen der Stadt.

Er maulte vor sich hin: «So ’n Mist, wie soll ich das denn schaffen, in den Himmel zu kommen, ohne Flügel? Geht doch gar nicht!»

Bei dem Stichwort «Himmel» drehte sich ein junger Mann zu ihm um, der gerade an ihm vorbeiging. «Himmel? Nimmst du Bürschchen schon Drogen? Hör bloß auf damit, ist überhaupt nicht gut für dich, Kleiner!» Der junge Mann sah ziemlich furchteinflößend aus: schwarze Lederhose, schwarzer Ledermantel, Lederarmband und Lederhalsband mit Nieten, ein schwarzes T-Shirt mit Totenköpfen drauf, und dazu trug er noch einen langen Pferdeschwanz. Er wirkte nicht so, als ob man ihm vertrauen könnte.

Doch der kleine Engel war so verzweifelt, dass es aus ihm heraussprudelte: «Ja, Himmel! Wenn ich meine Flügel nicht wiederfinde, komme ich nicht in den Himmel zurück!»

«Ey, Kleiner, du bist echt abgefahren! Sucht dich deine Mama nicht?»

«Das ist es ja, ich will zu ihr in den Himmel, aber ohne meine Flügel geht das doch nicht!»

Der junge Mann beugte sich interessiert zu ihm herunter: «Kleiner, was is’n los, sag mal? Du willst mir doch nicht erzählen, dass du deine Flügel suchst? So was Abgefahrenes hab ich ja noch nie gehört!»

«Doch, klar! Ich hab sie irgendwo stehen lassen. Ich war echt auf dem Weg in den Himmel mit meinen Flügeln und so. Aber auf dem Weg dahin bin ich an einem Bolzplatz vorbeigekommen, da haben ein paar Jungs Fußball gespielt. Ich wollte nur fünf Minuten mitspielen, ehrlich! Und mit den Flügeln war das ja nicht so einfach, deswegen hab ich sie abgelegt, am Straßenrand, da lagen schon ein paar andere Sachen. Ich dachte, da fallen sie nicht so auf. Na ja, dann hat das Spiel doch etwas länger gedauert. Und als ich wiederkam, waren die Flügel weg, zusammen mit den anderen Sachen. So, und jetzt komm ich deswegen nicht mehr in den Himmel zu meiner Mutti. Kannst du mir nicht suchen helfen? Bitttteee!»

«Nee, Kleener, ich hab Karten für ein Metal-Konzert. Was meinst du, wie lange ich gebraucht habe, bis ich die bekommen hab? Die ‹Heavy-Mets›, das sind die Größten, weißt du … Aber was erzähl ich hier, du verkohlst mich doch!»

Der kleine Engel war wirklich verzweifelt. Sicher, dass er die Flügel abgelegt hatte, war bestimmt nicht richtig und gegen die Vorschriften. Aber Fußballspielen – das war schon immer seine Leidenschaft gewesen. Schon zu Lebzeiten! Aber auch jetzt in seinem Engelsdasein konnte er sich ab und an wegstehlen, um ein bisschen zu kicken. Musste er aber so hart dafür bestraft werden? Sollte er seine geliebte Mama nie mehr wiedersehen, nur weil sein irdisches Temperament bei einem Ausflug auf die Erde mit ihm durchgegangen war?

«Du *musst* mir helfen!», wandte er sich an seinen neuen Freund, der bedrohlich aussah, wie er da mit fast zwei Metern Körpergröße, ganz in Schwarz gekleidet und mit verschränkten Armen vor ihm stand und auf ihn herniedersah.

«Ich muss gar nichts! Außer zu meinem Konzert, und zwar schnell, sonst ist's zu spät!»

Unser kleiner Engel wusste weder ein noch aus. Dieser große, sicher bärenstarke Kerl hätte seine Rettung sein können. Aber er schien unnachgiebig.

Der kleine Engel versuchte es noch einmal: «Wenn wir jetzt losgehen und suchen, sind wir bestimmt schnell fertig und du kommst noch rechtzeitig zu dem Konzert – bitte, bitteeee!»

Wie das kleine Kerlchen so vor ihm stand, verzweifelt und traurig, kämpfte der junge Mann jetzt anscheinend mit sich.

Er wollte ihm die Geschichte mit den Flügeln nicht glauben, aber trotzdem: Irgendwie merkte der Mann, dass sie dem Kleinen wohl sehr wichtig waren.

«Wo hast du denn Fußball gespielt und deine Flügel hingelegt?»

Die Gesichtszüge des kleinen Engels erhellten sich. Dankbar schaute er zu dem Riesen auf. «Komm», sagte er, «ich zeig's dir». Der Engel lief los und lief und lief …

«Ey!», rief der Mann, «wie lange dauert das denn noch, bis wir da sind?» Sie hatten sich immer weiter von der Straßenbahnhaltestelle entfernt, von der er zu seinem Konzert aufbrechen wollte.

«Wir sind wirklich gleich da!», versicherte der kleine Engel. Der Weg zog sich immer mehr in die Länge. Der kleine Engel wurde immer hoffnungsfroher, der junge Mann im gleichen Maße immer verzweifelter. Aber er traute sich anscheinend auch nicht, den Kleinen zu enttäuschen.

Endlich waren sie an der Stelle angelangt, wo das Fußballspiel stattgefunden und der Engel die störenden Flügel abgelegt hatte. Aber weit und breit keine Spur von irgendetwas, das auch nur annähernd nach Flügeln aussah! Im Grunde hatte der Mann wohl auch nichts anderes erwartet – das wäre einfach zu schräg für ihn gewesen, um es tatsächlich zu glauben.

«Hier war's, hier hab ich sie hingelegt, hinter die alte Matratze und den kaputten Stuhl.» Es dämmerte dem Mann: Sperrmülltag! Klar, dass die Leute von der Stadtreinigung alles mitgenommen hatten, was hier herumstand.

«Deine Flügel kannst du vergessen, Kleiner! Die sind in der Müllpresse gelandet!»

Der kleine Engel war am Boden zerstört. «Was? Das geht nicht! Ich muss sie wiederhaben! Wie soll ich sonst zu meiner Mami kommen?» Dicke Tränen kullerten ihm über sein verschmutztes Gesicht.

Das wiederum erweichte das Herz des jungen Mannes, der zwar furchteinflößend aussah, aber in Wirklichkeit sehr mitfühlend zu sein schien. Er konnte das Elend und die Verzweiflung offenbar nicht mehr mit ansehen. «Ich habe da 'ne Idee, wie wir die Dinger vielleicht noch zurückkriegen. Ist aber nur eine kleine Chance!»

Inzwischen war es schon einundzwanzig Uhr, und der junge Mann schien das Konzert jetzt ohnehin abzuhaken: «Ich hab zwar wochenlang auf Zigaretten verzichtet, um mir die teuren Karten kaufen zu können, aber das war's wohl, ich kann dich Unglückswurm ja nicht einfach deinem Schicksal überlassen.» Er fügte hinzu: «Übrigens heiße ich eigentlich ganz konventionell Michael, aber meine Freunde nennen mich Mick.»

Er erzählte dem kleinen Kerl von seiner Idee: Sein Onkel hatte früher bei der Müllabfuhr gearbeitet, und Mick hatte ihn manchmal nach Schulschluss bei der Arbeit besucht. So wusste er noch, dass sich ungefähr hundert Meter links vom Eingang zur Mülldeponie eine Lücke im Zaun befand, durch die man zu dieser späten Stunde noch auf das Gelände kommen konnte.

Der Engel folgte Mick, so schnell er mit seinen kurzen Beinen konnte, zur Mülldeponie. Mit etwas Mühe krochen beide durch diese Lücke (es gab sie tatsächlich!). Mick hatte ein Schweizer Messer und eine kleine Taschenlampe dabei, die ihnen jetzt gute Dienste taten. Er ging zielstrebig auf einen bestimmten Punkt auf dem Gelände zu, von dem er offenbar wusste, dass hier die Sammlungen abgeladen und sortiert wurden. Er leuchtete mit seiner Taschenlampe ein wenig hin und her. Dass er sein Konzert jetzt ganz vergessen konnte, schien ihm in diesem Moment gar nicht mehr bewusst zu sein, jetzt war wohl auch sein Jagdfieber ausgebrochen.

Leider fanden sie nichts, was den kleinen Engel retten konnte. Sie sahen einen alten Schrank mit nur noch einem Türflügel, einen Sonnenschirm, der vielleicht einem Sturm zum Opfer gefallen war, und ein Plastikschwimmbecken, in dem ein kleines Kind einen Sommer lang geplantscht haben könnte – aber Flügel? Der Engel konnte Micks Fragen in seinem Gesicht lesen: Konnte er überhaupt ein paar Engelsflügel finden? Das war doch eigentlich absurd für einen Menschen, oder?

Plötzlich fing die Taschenlampe ein Blitzen ein – Mick schaute interessiert näher hin. Das Blinken kam von einem Haken, der an einem Gurt befestigt war. Der Gurt wiederum hing an einem grauen Etwas, was genau, konnten die beiden nicht erkennen. Mick war offensichtlich neugierig und versuchte, das «Ding» aus dem Haufen, in dem es verkeilt war, herauszuziehen. Mit ein wenig Gewalt gelang es ihm auch.

Der kleine Engel stieß aufgeregt einen Schrei aus: «Das sind sie, das sind meine Flügel!»

Mit Flügeln hatte ihr Erscheinungsbild aber nicht mehr viel zu tun: grau, schmutzig, mächtig zerknickt an den Kanten. Aber das schien unseren himmlischen Freund nicht zu stören, er war einfach nur glücklich.

«Hilf mir mal, die Dinger festzumachen!», forderte der Engel, der vor Glück taumelte, Mick auf.

Dieser tat, wie ihm geheißen wurde. Im gleichen Augenblick verschwand der kleine Engel, wie vom Erdboden verschluckt. Mick rief und suchte mit seiner Taschenlampe nach ihm … Nichts.

Jetzt war er richtig sauer, aber so richtig! Wofür hatte er

sich jetzt den Abend verdorben, wofür hatte er das Konzert sausen lassen, auf das er sich monatelang gefreut hatte? Nur damit er einem kleinen Jungen half, ein merkwürdiges Spielzeug zu finden, das ihm offenbar viel bedeutete, es aber nicht für nötig hielt, sich zu bedanken? Mick haderte mit sich und der Welt. Das Konzert war vorbei! Aus!

Langsam ging er Richtung Zaun. Mühsam kletterte er hindurch und stand auf der Straße. Wohin jetzt? Er wollte seinen Frust ablassen und zu seinem Kumpel gehen, der musste ihm jetzt zuhören. Aber ob er ihm das alles glauben würde? Na, vielleicht erzählte er ihm besser nicht alle Details. Die Flügel könnte er zum Beispiel weglassen.

Er ging also Richtung Hauptstraße und drückte dort an der Fußgängerampel den Knopf, damit er Grün bekam. Als er gerade mitten auf der Straße war, kam mit viel zu hoher Geschwindigkeit ein schwarzer Bus auf ihn zugefahren. Als der Fahrer ihn bemerkte, trat er sofort mit aller Kraft auf die Bremse, sodass diese laut quietschten. Mick konnte zur Seite springen, wurde aber an der Schulter vom Bus gestreift, und er stürzte. Er rollte sich auf dem Boden ein, zwei Mal um sich selbst und blieb dann benommen liegen.

Der Fahrer sprang aus dem Bus und aus der hinteren Tür weitere vier Männer, die ähnlich gekleidet waren wie Mick: schwarze Lederhose, schwarze Shirts. Alle redeten auf ihn ein und halfen ihm, sich zu erheben. Dann bugsierten sie ihn in den Bus. Er war immer noch ziemlich benommen. Einer der fünf Männer setzte ihn auf einen Sitz und gab ihm ein Glas mit einer braunen Flüssigkeit und bedeutete ihm, sie zu trinken. Offensichtlich kein Tee! Aber der Whiskey tat gut und weckte seine Lebensgeister.

Mick nahm seine Umwelt jetzt wieder klar wahr, oder doch nicht? Er meinte, die fünf Mitglieder «seiner» Metal-

Band vor sich zu sehen. Oje – doch eine Gehirnerschütterung!

Nach und nach dämmerte es Mick, dass er im Tourbus der Heavy-Mets war, denn diese wollten noch am gleichen Abend in die Stadt ihres nächsten Konzerts abreisen, aber der Fahrer hatte es wohl zu eilig.

Nachdem sich alle etwas beruhigt hatten, sprachen sie miteinander, und Mick erzählte von seinem merkwürdigen Abend. Die Bandmitglieder schauten sich verwundert an und schoben seine reichlich unglaubwürdige Erzählung auf den Unfall. Sie fühlten sich aber doch schuldig an seiner Verfassung und schenkten ihm VIP-Karten für ihr nächstes Konzert und natürlich ein Autogramm. Micks Welt war wieder in Ordnung. Die Band ließ es sich nicht nehmen, ihn mit dem Tourbus nach Hause zu fahren. Mann, da hatte sich der Unfall ja doch gelohnt! Zu Hause angekommen, bedankte er sich nochmals herzlich bei seinen Idolen.

Bevor er in die Haustür trat, schaute er noch mal nach oben gen Himmel. Sah er da nicht etwas Weißes blinken? Nein, er musste sich geirrt haben …

Das Mietshaus

Kurt Schmitz

Ich wohne in einer Großstadt in einem Mietshaus mit fünf Etagen. Insgesamt gibt es hier im Haus zwanzig Wohnungen, und so wie sicherlich in vielen Mietshäusern hält sich der Kontakt zu den Nachbarn in Grenzen.

Auch wenn man wie ich schon viele Jahre in ein und derselben Wohnung lebt, kennt man manche Mieter nur vom Sehen. Einige alleinstehende ältere Menschen, der ein oder andere Student und ein paar Familien und Paare wohnen hier. Aber im Laufe eines Jahres ziehen viele Mieter aus und andere ein. Es ist ein Kommen und Gehen, und ein richtiger Kontakt ergibt sich nicht.

Alles in allem lebt es sich hier aber gut. Der Umgang untereinander ist freundlich und jeder verhält sich so, dass er die anderen Mitbewohner nicht unnötig mit Lärm oder Ähnlichem belästigt.

Als ich in diesem Jahr einen Tag vor Weihnachten durch das Treppenhaus hinauf zu meiner Wohnung in den vierten Stock ging, hörte ich aus einigen Wohnungen, an denen ich vorbeikam, bereits hektisches Treiben. Gleichzeitig duftete es nach Selbstgebackenem und deftigem Braten, der sicher bereits für Heiligabend vorbereitet wurde. Schließlich stand das Weihnachtsfest kurz bevor.

Auch konnte man, wenn man auf unser Haus zukam, auf einigen Balkons Tannenbäume stehen sehen, die aber noch eingepackt waren und nur darauf warteten, endlich in die Wohnungen gestellt und geschmückt zu werden.

Es war eine Vorweihnachtszeit wie in jedem Jahr. Von den Außentemperaturen her vielleicht ein bisschen zu warm, aber alle freuten sich auf Weihnachten, auf die damit verbundenen freien Tage, auf gutes Essen und eine schöne Zeit mit der Familie.

Ich für meinen Teil wollte Weihnachten alleine sein. Das schien mir die richtige Art für mich zu sein, Weihnachten zu feiern. Ich wollte mir, wie in den letzten Jahren auch schon, etwas Schönes zu essen kochen und mir unter meinem Weihnachtsbaum mit einem Glas Wein schöne Musik anhören. Ein richtig gemütlicher Abend sollte es werden. Das war mein eigenes Weihnachtsgeschenk an mich, und bis jetzt sah alles danach aus, als würde dieser Plan aufgehen.

Als ich jedoch am Morgen des 24. Dezember vom Einkaufen nach Hause kam und durch das Treppenhaus ging, war eine allgemeine Unruhe aus den Wohnungen zu hören. Man spürte förmlich, dass die Zeit bis zum Heiligen Abend nur noch aus wenigen Stunden bestand, und jeder wollte bis zum Nachmittag mit seinen Aufgaben fertig sein. Die Mieter schienen bereits alle zu Hause zu sein, und es ging sehr rege in den Wohnungen und auch im Hausflur zu.

Was mir auf dem Weg in meine Wohnung auffiel, war, dass die Stimmung nicht mehr so gut war wie am Tag zuvor. Zwischenzeitlich schienen die Vorbereitungen in Stress ausgeartet zu sein, und die Anspannung war deutlich zu spüren. Auch hörte man mehr und mehr Streitereien aus den Wohnungen.

Schade, dachte ich mir und ging weiter nach oben.

Niedergeschlagen betrat ich schließlich meine Wohnung und versuchte, nicht mehr an meine Nachbarn zu denken. Das war jedoch leider schwieriger als gedacht. Auch in meiner Wohnung konnte ich hören, wie sich die Nachbarn stritten. Der Ehemann mit seiner Frau, die Eltern mit dem Kind, Geschwister untereinander. Eigentlich hatte ich ja vor, meinen Weihnachtsbaum zu schmücken, doch die Gedanken an die Unruhe im Haus ließen mich nicht mehr los.

Schließlich hatte ich eine Idee.

Ich nahm meinen noch immer ungeschmückten Weihnachtsbaum und trug ihn nach unten in den Hinterhof. Dann packte ich die wasserfeste Lichterkette vom Balkon ein und brachte sie zusammen mit dem Baumschmuck, den Weihnachtskeksen, Stollen und zwei Thermoskannen mit frisch gebrühtem Tee sowie Tassen und Gläser ebenfalls nach unten. Schlussendlich meine Stereoanlage und noch ein paar CDs mit weihnachtlicher Musik. Aus meinem Küchenfenster warf ich das Ende einer Verlängerungsschnur, die dank einer Kabelrolle, die ich für den Stromanschluss bei Renovierungsarbeiten benötigt hatte, lang genug war, nach unten in den Hinterhof und schloss die Musikanlage an.

Das ständige Treppensteigen hatte mich angestrengt, aber jetzt hatte ich alles, was ich benötigte, nach unten gebracht und war gespannt, wie sich der weitere Nachmittag entwickeln würde.

Schließlich schaltete ich die Weihnachtsmusik an und drehte die Lautstärke auf ein deutlich hörbares, aber nicht zu aufdringliches Maß hoch.

Dann begann ich, meinen Weihnachtsbaum, den ich mitten im Hinterhof aufgestellt hatte, zu schmücken.

Zuerst brachte ich die Lichterkette an, und nach und nach

fanden glänzende Kugeln, Strohsterne und Lametta ihren Platz an dem Baum.

Da es bereits anfing, dunkel zu werden, leuchtete der Weihnachtsbaum schon bald in voller Pracht.

In der Zwischenzeit hatten sich zwei der alten Damen aus dem Hinterhaus eingefunden.

«Hallo!», begrüßte ich sie, als ich sie dort stehen sah. «Nehmen Sie sich doch ein paar Kekse und warmen Tee», bot ich Ihnen an.

Verunsichert schauten sich die beiden an. «Wir wollten nicht stören», sagt die eine Dame nur, «aber wir haben die Musik gehört.»

«Sie stören überhaupt nicht», sagte ich. «Ich freue mich, dass sie nach draußen gekommen sind. Bitte bedienen Sie sich.»

Die erste Hürde schien überwunden, und die Damen nahmen sich Kekse und Tee.

«Ich klingele mal bei den Nachbarn neben mir», sagte plötzlich eine der beiden und verschwand im Hausflur.

Es dauerte einige Zeit, aber im Schlepptau brachte sie nun ein junges Paar mit zwei kleinen Kindern mit.

«Willkommen», rief ich ihnen zu. «Fühlen Sie sich wie zu Hause!»

Die alten Damen lachten laut. «Schön, dass wir hier zu Hause sind», sagten sie nur, und das junge Paar musste auch lachen.

Nach und nach fanden sich noch weitere Mieter im Hinterhof ein, die von der weihnachtlichen Musik und den heiteren Gesprächen der bereits Anwesenden angezogen wurden, und die Runde wurde größer und größer.

Paare, Singles und kleine Familien gaben sich ein Stelldichein, und einige hatten bereits Stühle mit nach draußen gebracht. Es dauerte nicht lange, und schon standen auch Klapptische im Innenhof, die mit tollen Leckereien gedeckt wurden.

Die Leute stellten sich gegenseitig vor und erzählten sich, in welcher Wohnung sie lebten und wie lange sie bereits Mieter in unserem Haus waren. Schnell fanden sich noch weitere Themen und Gemeinsamkeiten, und es war ein friedliches und entspanntes Zusammensein. Der ganze vorweihnachtliche Stress schien wie weggeblasen, und schnell war klar, dass der Heilige Abend in diesem Jahr in unserem Hinterhof stattfinden würde. Es war ein sehr schönes und harmonisches Fest, und alle fühlten sich rundum wohl.

Als ich nach einigen Stunden wieder alleine in dem aufgeräumten Hinterhof stand und mir den glänzenden Weihnachtsbaum anschaute, war ich sehr glücklich. Mit meiner Idee hatte ich nicht nur meinen Mitmietern ein schönes Weihnachtsfest beschert, sondern auch mir selbst. Dabei wollte ich doch den Abend alleine verbringen.

Mir wurde klar, dass es nicht nur viel schöner, sondern auch viel gemütlicher ist, Weihnachten im Kreise von lieben Menschen zu feiern. Mir traten Tränen in die Augen.

Das war das schönste Weihnachtsgeschenk, das ich mir selbst je gemacht habe.

Der Weihnachtsmann aus dem Internet

Sigrid Wallborn

In diesem Jahr sollte es anders sein, die Sache mit dem Weihnachtsmann. Da waren sie sich einig, die vier jungen Familien aus dem kleinen Dorf. Seit Jahren waren sie eng befreundet und wohnten fast Tür an Tür, besser gesagt, Haus an Haus.

Bisher war es so gewesen, dass einer der Papas am Heiligen Abend den Weihnachtsmann spielte. Für die Kinder war es aufregend und spannend, die Geschenke vom Weihnachtsmann persönlich zu bekommen. Wenn die Lichter am bunt geschmückten Weihnachtsbaum leuchteten, konnte man ihn spüren, diesen Zauber, der nicht nur die Kinder mit Erwartung und Freude erfüllte.

Letztes Jahr war Uwe dran gewesen, der Papa von Bennie und Björn. Als er gerade Anna und Britta beschenkt hatte, die Töchter seines Freundes Jochen, hatte Britta, vier Jahre alt, auf einmal von ihm wissen wollen, warum er, der Weihnachtsmann, keine Stiefel anhatte, sondern Turnschuhe. Auf die Idee, dass die Kinder seine Schuhe sehen könnten, war Uwe nicht gekommen, er hatte schließlich einen langen Mantel getragen.

Er hatte an sich heruntergesehen. Tatsächlich, seine Joggingschuhe, in denen er am besten laufen konnte, waren sichtbar gewesen. So ein Mist.

Doch zu einer Erklärung war es nicht mehr gekommen. Ein lautes Bellen hatte alle aufhorchen lassen, und Anna, ein Jahr älter als Britta, war aus dem Zimmer gesaust und hatte die Haustür geöffnet. Ein schwanzwedelnder Golden Retriever war an ihr vorbei ins Wohnzimmer gelaufen, direkt auf Uwe zu. Der Hund war an ihm hochgesprungen, hatte einmal quer über das Weihnachtsmanngesicht geleckt und ihm die Mütze vom Kopf gerissen. Fast war es zur Enttarnung gekommen, denn der Bart war verrutscht. Max, Uwes Hund, war seinem Herrchen gefolgt.

Jochen, der Papa von Britta und Anna, hatte den Hund mit einem Leckerli von seinem Herrchen weglocken und ihn nach Hause bringen können, gleich um die Ecke. Doch das war zu viel gewesen: Alle Jahre wieder hatte es Pannen gegeben, wenn auch nur kleine, aber der Stress war den Papas zu groß geworden. Dieses Jahr sollte es anders sein. Vor einigen Wochen waren sie alle zu der Erkenntnis gekommen: Es musste ein fremder Weihnachtsmann her.

«Wir suchen einen aus dem Internet», hatte Jochen vorgeschlagen. Es hatte nicht lange gedauert und sie waren fündig geworden. Der Weihnachtsmann hatte eine tolle Homepage, sogar eine Sprechprobe hatte man sich anhören können. «Der ist es», hatte Jochen gesagt. «Der ist es», waren sich auch die anderen einig gewesen. Jochen hatte mit dem Weihnachtsmann telefoniert und alles klar gemacht. Der Weihnachtsmann würde mit dem Zug kommen, da er kein Auto hatte. In der kleinen, gemütlichen Bahnhofskneipe bei Erwin im Nachbarort wollte er den Weihnachtsmann abholen.

«Das habe ich gut organisiert», hatte Jochen zu sich selbst gesagt. Und jetzt, am 24. Dezember, freute er sich auf einen entspannten, ruhigen Heiligabend.

Als er aus dem Fenster schaute, fing es an zu schneien. Kleine, winzige Schneeflöckchen fielen sacht vom Himmel, die Kinder drückten ihre Nasen an die Scheiben, sie freuten sich und waren aufgeregt.

Mit seiner Frau trank er noch gemütlich einen Kaffee, dann war es auch Zeit, loszufahren. Er ging noch einmal in den Keller und stellte fest, dass die Geschenke, die der Weihnachtsmann bringen sollte, alle gut verstaut in seinem Bastelraum lagen. Nun aber los.

Als Jochen vor die Tür trat, hatten sich die winzigen Schneeflöckchen in riesige Flocken verwandelt und stürzten regelrecht vom Himmel. Wenn es so weiterschneite, konnte er nur langsam fahren, Schneeräumfahrzeuge waren garantiert nicht unterwegs, jedenfalls nicht in der Gegend, in der er wohnte.

Er rief bei Erwin in der Bahnhofskneipe an und fragte nach dem Weihnachtsmann. «Der sitzt hier und trinkt einen Grog, beeil dich, ich hab gleich Feierabend», meckerte Erwin.

«Schenk ihm noch einen ein, es kann ein bisschen dauern», teilte Jochen Erwin mit und legte schnell auf.

Es war ein beschwerliches Fahren, der Schnee lag schon ziemlich hoch, es gab Schneeverwehungen. Kaum war er aus dem Dorf herausgekommen, ging nichts mehr, er war in einer Schneewehe stecken geblieben. Er fasste in seine Tasche. Mist, sein Handy lag zu Hause auf dem Tisch. Er stieg aus dem Wagen und blickte in ein endloses Weiß. Es blieb ihm nichts anderes übrig, als ins Dorf zurückzustapfen. Langsam wurde es dunkel.

Was sollte er tun? Sein Freund Wolfgang fiel ihm ein, der war Landwirt und hatte einen großen Schlepper. Er klingelte Sturm. Wolfgang war überhaupt nicht begeistert, als er den völlig eingeschneiten Jochen vor seiner Haustür stehen sah und von dessen Missgeschick erfuhr. Einen Weihnachtsmann aus dem Internet und auch noch einen von außerhalb. Aber er startete schließlich seinen Schlepper, der auch Gott sei Dank sofort ansprang. Sie kamen langsam, aber sicher voran.

«Heiligabend habe ich mir aber anders vorgestellt», motzte Wolfgang.

«Ja, ich weiß», sagte Jochen kleinlaut, aber das hier ist höhere Gewalt».

«Von wegen höhere Gewalt, mein Lieber, das ist Winter!»

Da hatte Wolfgang natürlich recht.

Es fing wieder stärker an zu schneien. Ohne die hellen Scheinwerfer hätten sie keine Chance gehabt. Endlich erreichten sie ihr Ziel, in Erwins Kneipe brannte noch Licht. Jochen konnte sich auf Erwin verlassen, hoffentlich war der nicht allzu stinkig.

Vor der Tür schüttelten sie den vielen Schnee von ihren Winterjacken und stapften in die Kneipe. Erwin stand hinter der Theke, die Arme verschränkt, er sah gar nicht glücklich aus, dabei konnte er doch froh sein, dass sie endlich da waren. Erwin sagte kein Wort, zeigte nur auf ein rotes Etwas, das halb auf der Theke hing, der Weihnachtsmann in seiner Arbeitsmontur. Er hatte gewaltig einen in der Krone, total blau war er.

Als er Jochen und Wolfgang sah, stimmte er sofort ein Lied an, allerdings kein Weihnachtslied. Er schmetterte aus voller Kehle *Es gibt kein Bier auf Hawaii* und bestellte eine Lokalrunde.

«Was hast du denn mit dem gemacht», fragte Wolfgang den genervten Erwin.

«Bist du verrückt, ich habe da keine Aktien drin. Der

muss wohl eine private Ration bei sich gehabt haben, ich war zwischendurch mal draußen. Und außerdem hab ich Feierabend, mir reicht's.»

«Was machen wir mit ihm?» Auf Jochens Frage wusste zunächst keiner eine Antwort.

«Das Einzige, was der Weihnachtsmann jetzt braucht, ist ein Bett, wo er sich ausnüchtern kann. Ihr müsst ihn mitnehmen, ich habe hier keine Übernachtungsmöglichkeit», stellte Erwin erleichtert fest.

«Wo kommt der eigentlich her?», wollte nun Wolfgang wissen.

«Weiß ich nicht so genau», sagte Jochen kleinlaut.

«Was soll das denn heißen?» Wolfgang schüttelte den Kopf.

Sie kamen auf die Idee, nachzuschauen, ob der gute Mann Papiere bei sich trug.

«Aha, hier ist der Ausweis.» Wolfgang zeigte ihn Erwin und Jochen. «Der ist ja über fünfzig Kilometer gefahren, hier in der Nähe gibt es wohl keinen Weihnachtsmann. Gut, dass er nicht vom Nordpol gekommen ist», maulte er.

«Ruhe, Leute», rief Erwin dazwischen, «keine Zeit für Streit.»

Nach weiterem Stöbern in den Taschen des von weit her angereisten Weihnachtsmannes fanden sie zwei Telefonnummern. Jochen nahm den Telefonhörer und wählte. Bei der ersten Nummer meldete sich jemand mit «Hohoho», bei der zweiten eine Frau Schwertfeger.

Während des Gesprächs drang die Stimme der Frau durch den Hörer: «Ja, ja, das ist mein Bruder. Ach, du liebe Zeit … Nein, abholen kann ich ihn nicht, auf keinen Fall, wir sind total eingeschneit.»

Jochen fing an zu schwitzen. Seine Stimme klang erschöpft. «Machen Sie sich keine Sorgen, Sie können sich auf mich verlassen … Ja, es geht ihm gut, es fehlt ihm weiter nichts, er ist nur blau. Wir rufen morgen wieder an.»

«Na, dann gute Heimfahrt und frohe Feiertage», wünschte ihnen Erwin und drängte die drei Männer zum Ausgang. Er wollte nun wirklich seine Ruhe haben.

Jochen und Wolfgang nahmen den Weihnachtsmann in die Mitte und stützten ihn. An der frischen Luft schien es ihm ein wenig besser zu gehen. Er lallte: «Wo bin ich»? – Das war schon ein gutes Zeichen.

Es war äußerst beschwerlich, ihn auf den Beifahrersitz des Schleppers zu hieven, ein Leichtgewicht war er nicht, der Weihnachtsmann.

«Du musst ihn wohl mit nach Hause nehmen, deine Frau wird sich freuen», meinte Wolfgang.

Daran wollte Jochen jetzt nicht denken, er war überhaupt nicht gut drauf. Gott sei Dank hatte es aufgehört zu schneien, und Wolfgang kam zügig mit seinem Schlepper voran. Der Weihnachtsmann schien fest eingeschlafen zu sein, sein Schnaufen und Pusten hatte er eingestellt.

Was mache ich bloß mit dem, dachte Jochen während der Heimfahrt.

Bald erreichten sie das kleine Dorf. Häuser und Straßen waren wie in Zuckerwatte gepackt und kein Mensch war zu sehen. Viele machten sich startklar für den Gottesdienst am Heiligen Abend.

Gerade fuhren sie am Haus des Pfarrers vorbei, da schrie Jochen: «Halt, sofort anhalten!»

«Bist du verrückt?», motzte Wolfgang.

Nein, Jochen war nicht verrückt, er hatte nur eine Idee. Er dachte an die Weihnachtsgeschichte.

«Wir bringen den Weihnachtsmann zum Pfarrer.»

«Zum Pfarrer, wieso das denn?» Plötzlich ging Wolfgang ein ziemlich großes Licht auf. «Du meinst, so nach dem Motto, der Pfarrer stellt seinen Stall beziehungsweise sein Haus als Herberge zur Verfügung?»

«Genau das», erwiderte Jochen geradezu fröhlich.

Während der Fahrt hatte der Weihnachtsmann einen Frischluftschock bekommen und war nicht mehr so blau wie in Erwins Kneipe. Als der Pfarrer ihnen nach mehrmaligem Klingeln die Tür öffnete, staunte er nicht schlecht, als er die drei Gestalten vor seiner Tür sah.

«Na, dann kommt mal rein», bat er die frierenden Männer. In der Küche setzten sie sich völlig erschöpft auf die Eckbank, Jochen erzählte seine Geschichte und der Weihnachtsmann bestellte ein Bier. Der Pfarrer schmunzelte: «Das ist ja eine schöne Bescherung», meinte er, und seiner Frau rief er zu: «Wir haben einen Übernachtungsgast!»

Gemeinsam brachten der Pfarrer, Jochen und Wolfgang den Weihnachtsmann ins Gästezimmer.

Er murmelte so etwas wie: «Gertrud anrufen.» Damit meinte er sicher seine Schwester, Frau Schwertfeger. Sie zogen ihm Stiefel und Mantel aus, ein Schlafanzug vom Pfarrer wäre wohl übertrieben gewesen. Kaum lag der Gute in den Federn, schnarchte er auch schon, und ein zufriedenes Lächeln ruhte auf seinem Gesicht.

Mit Schrecken dachte Jochen an die Kinder, wer sollte jetzt bei ihnen den Weihnachtsmann spielen? Er erzählte dem Pfarrer von seinem Kummer.

«Tja», meinte dieser, «da könnte sich was machen lassen. Also, meine Herren, wenn sie mal öfter in die Kirche kämen, natürlich auch heute Abend, würde ich in die Rolle des Weihnachtsmannes schlüpfen, der rote Mantel von unserem Gast scheint meine Größe zu sein.»

Jochen konnte sein Glück kaum fassen. Dass die Aktion an eine Bedingung geknüpft war, störte ihn in diesem Moment kein bisschen, ihm war alles recht.

Es wurde ein ganz wunderbarer Heiliger Abend. Jochen fühlte sich wohl in der vollbesetzten Kirche, zusammen mit seiner Frau und den Kindern. Irgendwie war er gerührt, denn er dachte an seine eigene Kindheit und war dankbar für die Erinnerungen, die ihn mit Freude erfüllten.

Der Pfarrer hielt Wort. Er war der beste Weihnachtsmann, den man sich nur wünschen konnte. Der Weihnachtsmann aus dem Internet aber bekam von alledem nichts mit. Er schlief friedlich im Gästebett des Pfarrers, und morgen früh würde er sich wohl ein wenig wundern.

Weihnachtsrieseln

Christian Metzner

Das Wohnzimmer seiner Großeltern war sehr schlicht, mit ein paar einfachen Holzmöbeln, einem bescheidenen Sofa, einem Sessel und einem Kachelofen, in dem das Holz knisterte. Hans Neubert, neunundsiebzig Jahre alt, dachte oft an dieses Wohnzimmer, wenn er am 24. Dezember seinen Weihnachtsbaum schmückte. Auch dieses Jahr war es wieder so, und sein neunjähriger Enkel Benjamin half ihm dabei. Der gab sich große Mühe und war voller Begeisterung bei der Sache.

Hans beobachtete ihn, wie er einen Streifen Lametta nahm und ihn an einen Zweig hängte. Nachdenklich blickte er seinen Enkel an, setzte sich auf das Sofa und sagte: «Setz dich zu mir und gieß uns eine Tasse Tee ein.»

Benjamin ging zum Wohnzimmertisch, nahm mit einer kleinen Zange die Kandiswürfel und ließ sie klirrend in die zwei Tassen fallen. Während er den dunkelroten, nach Gewürzen duftenden Tee eingoss und zusah, wie die Kandiszuckerstücke von der Hitze zersprangen, begann Hans zu erzählen. Er sah alles klar vor sich, es war der 24. Dezember 1944 und er war gerade einmal sieben Jahre alt.

Der große Tannenbaum stand an diesem Abend zum Schmücken bereit, nur das Lametta war nicht aufzufinden.

Ein Weihnachtsbaum ohne Lametta aber war für Oma Margarethe unvorstellbar. Der kleine Hans wusste, dass sie in ärmlichsten Verhältnissen aufgewachsen war und es im oberfränkischen Eckersdorf zusammen mit ihrem Mann geschafft hatte, mit schwerer Arbeit und eiserner Sparsamkeit sechs Kinder großzuziehen und ein Haus abzubezahlen. Es waren wohl diese zurückliegenden Jahre, die Oma Margarethe hart und streng gemacht hatten, aber an Weihnachten war von beiden Eigenschaften nichts zu spüren, zu dieser Zeit war sie wie verzaubert. Mit großer Leidenschaft machte sich die ansonsten sehr nüchterne, immer in Schwarz gekleidete Frau mit dem strengen Haarknoten ans Werk. Im Laufe der Jahre hatte sie eine ansehnliche Sammlung an Christbaumschmuck zusammengetragen. Darunter waren silberne Tannenzapfen, kleine goldene Glöckchen, bunte Miniaturweihnachtsmänner und Glaskugeln, die zur Hälfte nach innen gewölbt waren, wo sich winzige Reflektoren befanden, die das Kerzenlicht hundertfach widerspiegelten. Dazu hängte sie noch Gebäck und kleine Süßigkeiten für ihre Enkel an die Tannenzweige. So entstand an Heiligabend immer eine märchenhafte Atmosphäre, die aus Glitzern, Düften, Wärme, Geborgenheit und Freude bestand. Jedes Jahr machte sie alles noch ein wenig schöner. Es schien, als ob Oma Margarethe den schlimmen Kriegsjahren ihr Weihnachtsfest entgegenstellte, als ob sie gegen diesen Krieg ein kleines, schönes Weihnachtsbollwerk für ihre Enkel aufbauen wollte.

Nur an diesem Heiligabend fehlte das Lametta. Hans sah, dass Oma Margarethe ratlos war. Zu kaufen hatte es seit Jahren keines mehr gegeben, erzählte sie ihrem Enkel, alles Metall war in die Rüstungsproduktion für den furchtbaren und sinnlosen Krieg gekommen. Das Lametta vom Vorjahr hatte sie sorgsam abgehängt und in Papier gewickelt. Durch ein Missgeschick war es aber wohl nicht in dem Karton mit dem Christbaumschmuck gelandet und nie auf dem Dachboden angekommen. Das merkte sie erst an Heiligabend. Mehrmals hatte sie vergeblich den Dachboden durchsucht und schließlich Opa davon erzählt.

Ohne dass Oma Margarethe es merkte, hatte Hans das Gespräch von der Küche aus belauscht. Er wusste, dass seine Großeltern seit Wochen auf Butter verzichteten und die Lebensmittelmarken dafür sammelten, um für ihre Enkel einen Christstollen backen zu können. Aber damit nicht genug. Oma hatte dem so geliebten Kaffee für viele Wochen entsagt und der Opa seinen Zigaretten. Die Marken hatten sie gegen Buttermarken getauscht, um auch noch Plätzchen und Lebkuchen zu backen.

Da beschloss Hans, etwas für seine Großeltern zu tun, und machte sich auf, Lametta zu besorgen. Er musste sich heimlich aus dem Haus schleichen, das er abends eigentlich nicht verlassen durfte. An der Türschwelle verließ Hans die Weihnachtswelt und ging hinaus in die verschneite Kälte und Einsamkeit. Als er die Straße entlangging, hinterließ er im Schnee die Abdrücke seiner kleinen Schuhe, andere Spuren waren nicht zu sehen.

Am Ende der Straße öffnete er ein Gartentor, ging zu dem Haus, in dem die beste Freundin seiner Oma wohnte, und schüttelte sich den Schnee von den Schuhen. Klopfen brauchte er nicht, keiner verschloss die Türen, im Dorf kannte man sich. Im Haus roch es nach Kerzenwachs und Plätzchen. Das machte ihm irgendwie Hoffnung. Erwartungsvoll ging er die knarrende Holztreppe zur Haustür hinauf und rief: «Trina, Trina!»

Die Tür öffnete sich mit einem Quietschen. «Ja, Hans,

was machst du hier? Ihr Kinder sollt doch nicht nach draußen», sagte die ältere Frau besorgt.

«Habt ihr noch Lametta übrig?», bat Hans.

«Nein, wir haben selber nicht mehr viel, es wird ja jedes Jahr weniger. Und geh jetzt schnell wieder nach Hause», sagte Trina und zog die Tür zu.

Aber Hans ging nicht nach Hause, er ging zum nächsten Haus zur Tante Kunigunde, Tante Kuni genannt. Die Szene wiederholte sich. Auch in den anderen Häusern, die er aufsuchte, hatte niemand Lametta übrig. Hans aber wollte nicht aufgeben, und so entfernte er sich immer weiter von zu Hause.

Mittlerweile war es dunkel geworden und die Gaslaternen gingen an, wegen der kriegsbedingten Sparmaßnahmen nur jede dritte. In einer kleinen Straße am Ende von Eckersdorf begann es zu schneien, aber es fielen nicht nur Schneeflocken vom Himmel. Plötzlich war auch Lametta dabei. Es rieselte nicht nur leise der Schnee, sondern auch riesige, glitzernde Lametta-Streifen. Sie waren viel länger und viel breiter als diejenigen, die er vom letzten Weihnachtsbaum in Erinnerung hatte. Manche legten sich der Länge nach auf den Boden, andere verwandelten sich durch den sachten Aufprall in eine kleine Ziehharmonika, wieder andere landeten auf dem nahe gelegenen schneebedeckten Gartenzaun. Einige blieben im kahlen Apfelbaum hängen.

Hans blieb stehen und staunte. In der nächsten Sekunde aber überkam ihn Angst. Er wusste, dass es nicht das Christkind war, das ihm den Baumschmuck bescherte, und er begann zu zittern. Tante Gertruds Worte fielen ihm wieder ein, sie war am Vormittag vorbeigekommen und hatte vor Tieffliegerangriffen gewarnt. Sie war eine der wenigen, die ein Radio, den sogenannten Volksempfänger besaßen, und hatte daher die Warnungen für den Großraum Bayreuth gehört. Britische Bomberpiloten hatten im Überflug die Stanniolstreifen abgeworfen, um das deutsche Radar zu täuschen. Wenn ein Radarstrahl das dünne Metall traf, wirkten die Streifen als Reflektoren und sandten einen Teil der Strahlung zurück. Dadurch empfing das Radargerät ein Falschecho und konnte die echten Flugzeuge nicht mehr von den vielen Stanniolstreifen unterscheiden. Die Flugzeuge wurden gleichsam unsichtbar, um ihrem unheilvollen Werk entgegenzufliegen.

Hans sammelte hastig so viele Streifen ein, wie er konnte. Er wusste, dass er sich damit beeilen musste, gleich würde es sehr ungemütlich werden. Schon ertönten die Sirenen und verbreiteten ihr schreckliches Geheule. Er stopfte das Stanniol in seine Manteltaschen, bis sie sich davon ausbeulten, und weitere in die Hosentaschen. Schnee mischte sich unter das Stanniol, und er spürte schon die Nässe durch die Hose dringen. Zuletzt klaubte er noch so viel auf, wie er mit den Händen tragen konnte, der Schnee tat in seinen Händen weh.

Als er nach Hause rannte, war das Dröhnen von Flugzeugmotoren schon über ihm zu hören. Er rutschte aus, fiel hin, stand wieder auf und rannte noch schneller. Das Geräusch der Sirenen und Flugzeugmotoren war unerträglich, aber noch fielen keine Bomben.

Völlig erschöpft und außer Atem erreichte er den kleinen Holzschuppen vor dem Haus seiner Großeltern, wo er sich und die silbernen Streifen in Sicherheit brachte. Dort packte er das Lametta aus, legte es auf den Boden, strich es glatt und trocknete es mit einem Lumpen. Die Sirenen hatten mittlerweile aufgehört, und auch Flugzeuge waren keine mehr zu hören. Als er sich beruhigt hatte, ging er mit dem Lametta in den Händen hinein ins Haus. Vorsichtig erklomm er die Treppe, sodass sie nur wenig knarrte. Da er die Hände voll Lametta hatte, öffnete er die Tür mit dem Ellbogen, und endlich war er zurück in der kleinen beschaulichen Weihnachtswelt.

Oma Margarethe sah ihn eintreten und konnte anscheinend nicht glauben, was sie da erblickte. Hans stand vor ihr, die Haare nass vom Schnee, die Hose ramponiert von den Stürzen, die Hände rot vor Kälte und gleichzeitig voller Lametta, das er Oma stolz präsentierte. Mit glänzenden Augen erzählte er, wie alles sich zugetragen hatte. Die Oma sah ihn sprachlos an, sie hatte ja noch nicht einmal gewusst, dass er draußen gewesen war. Ängstlich sah sie aus dem Fenster in den dunklen Nachthimmel hinaus, beruhigte sich aber schnell wieder. Wenn jetzt noch nichts passiert war, dann würde wahrscheinlich auch nichts mehr geschehen. Dann umarmte sie ihn so herzlich wie nie zuvor, küsste ihn auf die Stirn und sagte immer wieder: «Mein Junge, mein lieber Junge.» Und es war die schönste Weihnacht seit langem.

***

Hans sah auf und blickte in das Gesicht seines Enkels Benjamin. Der schaute ihn mit großen, ernsten Augen an, der Tee war mittlerweile kalt. Hans stand auf und ging zum Wohnzimmerschrank. Er öffnete die Tür und holte ein längliches, leicht abgewetztes Lederetui heraus. Er reichte es Benjamin, der es aufklappte: Darinnen war ein breiter, zweimal gefalteter Lametta-Streifen. Er nahm ihn heraus, ging zum Baum und hängte ihn langsam über einen Zweig. Draußen dunkelte es, die Laternen gingen an, und vom Himmel begann der Schnee zu rieseln.

Kleider machen Leute

Christine Zickmann

In der Nacht hatten sich große Schneeflocken lautlos über die Erde gelegt, Bäume und Sträucher in Watte gepackt, den Zaunpfählen ein Häubchen aufgesetzt. Marga stellte das Radio an. Das tat sie jeden Morgen, um das Alleinsein zu vertreiben. «Einmal werden wir noch wach», klang es ihr aus dem Lautsprecher entgegen. Sie stülpte den Inhalt ihrer Geldbörse auf den Küchentisch und zählte ihr Bargeld. Es würde reichen für ein paar Lebensmittel bis übermorgen. Dann kam die Tochter und holte sie zum Fest. Marga zog den Mantel an, öffnete die Haustür und war geblendet von der weißen Pracht. Der Schnee weckte Erinnerungen an ihre Heimat, und als sie dem Kaufmann entgegenstapfte, verloren sich ihre Gedanken ins ferne Ostpreußen vor mehr als fünfzig Jahren.

Am Bekleidungshaus Schrader blieb sie stehen. Alles leuchtete weihnachtlich: große Pakete mit roten Schleifen, Kunstschnee und Tannengrün, Schaufensterpuppen in festlichem Kleid. Doch all dies sah Marga nicht. Der Hut war es. Nichts als dieser elegante, braune Damenhut hielt ihre Sinne gefangen.

Wie hatte die Feder lustig gewippt zum Getrappel der schmucken Pferde. Manchmal hatte sie ihn gar festhalten müssen, wenn ihr Mann im frischen Morgenwind die Zügel hatte schießen lassen, wenn die Kutsche dahingeflogen war über Steine und Kies. «Wie erwachsen du aussiehst mit diesem Hut», hatte er dann zu ihr gesagt und sie bewundernd von der Seite angeschaut. Sie roch jetzt nahezu den Schweiß der Pferde, hörte das Knarren der Deichsel, spürte die Wärme des geliebten Mannes an ihrer Seite. Lang war es her. Und doch zum Greifen nah, als wäre es gestern gewesen.

Die Ladenglocke riss sie aus ihren Träumen.

«Hallo, Frau Hochfeld, Sie sehen ja schon aus wie ein Schneemann», sagte die Verkäuferin zu ihr.

Marga schüttelte sich die Flocken aus den Haaren und klopfte ihren Mantel ab. Dann betrat sie den Laden. Graue Stopfwolle wollte sie doch zur Tochter mitnehmen. Strümpfe stopfen ohne Ende. Knöpfe annähen. Reißverschlüsse ersetzen. Das tat ja sonst niemand außer ihr.

«Geht es Weihnachten wieder zur Tochter, Frau Hochfeld?» Die Verkäuferin stand nun an der Kasse und sah freundlich zu ihr auf. «Vier Mark neunzig macht das.»

Marga nahm Abschied von ihrem letzten Zwanzigmarkschein. Sie hörte die Registrierkasse klingeln, und einen Moment war ihr, als vernehme sie ein Glockenspiel.

«Sie haben gewonnen, Frau Hochfeld. Heute ist wohl ein Glückstag für Sie.»

Die Kassiererin gab das Wechselgeld heraus und einen nagelneuen Hundertmarkschein dazu.

Marga stutzte. «Nein, nein», sagte sie, «da haben Sie sich verrechnet.»

«Unsere Weihnachtswerbung, Frau Hochfeld. Immer, wenn das Glöckchen klingelt, hat ein Kunde hundert Mark gewonnen. Das ist unsere Adventsüberraschung für unsere Kunden. Der Schein gehört Ihnen.»

«Mir?», stammelte Marga ungläubig. «Hundert Mark? Mir? Ja, das kann ich doch nicht …» Doch dann strich ein Leuchten über ihr Gesicht.

«Der Hut», sagte sie. «Was kostet der Hut im Fenster?»

«Sie meinen die Baskenmütze?»

«Nein, nein, den Hut meine ich! Den braunen Damenhut mit der Feder.»

«Hundertneunundzwanzig Mark, Frau Hochfeld», meldete sich nun Frau Schrader, die Chefin, zu Wort, die gerade aus einer Seitentür gekommen war, und angelte den Hut aus der Dekoration. Etwas verlegen stülpte Marga den Rest ihres Geldes auf den Kassentisch.

«Schade», murmelte sie, und die freudige Erregung wich aus ihrem Gesicht. «Es war ein schöner Traum.»

«Auf Ware aus dem Schaufenster gibt es zwanzig Prozent Rabatt.»

Mit leichter Hand setzte Frau Schrader ihrer Kundin den Hut auf das graue Haar und führte sie zum Spiegel. Margas Schultern strafften sich, der Kopf hob sich in den Nacken und aus dem Spiegel leuchteten ihr zwei Augen fragend, staunend und fast ein wenig schelmisch entgegen. Behütet fühlte sie sich nun bis in die Tiefen ihrer Seele.

Als Marga gegangen war, erhobenen Hauptes mit wippender Hutfeder und Glückseligkeit im Herzen, steckte Herr Schrader den Kopf aus der Kontortüre heraus.

«Wer war denn die elegante Dame?», fragte er seine Frau, und unverhohlen schwang Bewunderung in seiner Stimme mit.

Ost-West-Pakete

Thoralf Schirmer

Als Kind habe ich mich immer gefragt, wie jemand auf den Gedanken kommen konnte, eine Redewendung zu erfinden, in der es heißt, dass einer, der sich die Rosinen aus dem Kuchen pickt, das Beste für sich beansprucht. In meinem Leben war das anders. Wenn Oma vor Weihnachten Stollen gebacken hat, pulte ich zwar die Rosinen heraus, aber nicht, weil ich sie für das Beste daran hielt. Ich hätte sie gern jedem anderen abgegeben, aber keiner wollte sie dann mehr. So beliebt können sie also nicht gewesen sein.

Natürlich habe ich bald gelernt, dass die Redewendung viel mehr im übertragenen Sinne gilt. Für Westpakete traf sie sicher zu. Aus heutiger Sicht, mehr als fünfundzwanzig Jahre danach, muss man sich schämen und kann es nur notdürftig mit der eigenen Naivität als Kind entschuldigen, mit welcher Begehrlichkeit man sie in der DDR erwartet hat, was man sich aus ihnen erträumte, das man im eigenen Land, außer im Intershop oder im Delikat, nicht haben konnte: Kakaopulver, Kaugummi mit Comic-Bildchen zum Sammeln und Tauschen, ausdauernde Faserstifte mit mehr als den hierzulande gängigen Grundfarben, Schokolade mit mehr Schmelz und Süße als unsere, aus Milch, die in der fernen Schweiz wohl lila Kühen abgemolken gewesen war oder von schwarzen Sarotti-Mohren – ja, die hießen damals noch so – serviert wurde. Manchmal war sie auch von Spar, aber trotzdem aus dem Westen, und ich hielt sie lange für echte Weihnachtsschokolade wegen des Tannenbaums im Logo.

Offizieller Empfänger solcher Päckchen waren natürlich nicht wir, nicht meine Eltern und ihre Kinder, sondern immer die Großeltern, die als selbständige Handwerker sowieso von Staats wegen beargwöhnt wurden und deshalb, da es ja ins Bild passte, auch Westverwandte haben durften. Bei meiner Großmutter war es ein Cousin, der in Köln lebte und bei den Ford-Werken arbeitete. Er kam sogar gelegentlich zu Besuch, immer mit einem neuen Ford-Modell und mit seiner gleichbleibend schwergewichtigen Frau. Weil diese eigentlich freundliche, aber auch auf eine rheinländische Art ruppige Frau mit den weißen Locken nicht mehr sehr beweglich war und daher meist in einem der Sessel im Wohnzimmer thronte, nannten wir sie «die Königin», auch wegen ihres Namens Elisabeth, ihrer Herrschaftlichkeit und ihres Reichtums an Süßigkeiten, den sie vom letzten Karnevalsumzug mitgebracht hatte.

Wir sollten eigentlich niemanden aus dem Westen treffen, weil mein Vater bei der lokalen Zeitung arbeitete, die damals «Bezirksorgan» hieß und der Partei gehörte. Aber wenn er doch einmal zufällig und ohne eigenes Verschulden auf einen Westdeutschen traf, so wie es erstaunlicherweise alle Jahre wieder zu Ostern mit Omas Cousin und seiner Frau geschah, dann erhielt er Absolution, musste aber hinterher einen Bericht schreiben, dem zu entnehmen war, dass über Politik nicht geredet worden war. Ich habe das anders in Erinnerung, aber ich war damals noch ein Kind und verstand nichts von Politik. Vielleicht war es ja auch keine. Das kann ich selbst heute manchmal noch nicht so recht einschätzen.

Außer dem Cousin gab es auch noch einige mir zum Teil bis heute unerklärliche weitere Verbindungen zu Bekannten nach Braunschweig, Essen und Salzgitter, die meine Oma bis zum Ende der DDR und darüber hinaus bis zu ihrem Tod pflegte. Auch von diesen kamen Päckchen, oft, aber nicht ausschließlich vor Weihnachten. Wenn wir zufällig gerade zu Besuch bei den Großeltern waren, dann wurden diese Pakete auf den leergeräumten Küchentisch gestellt wie eine Reliquie, die nichts Ungeweihtes neben sich duldet, und vor versammelter Familie geöffnet. Zum Vorschein kamen auch Dinge, die uns Kinder nicht interessierten, unsere Oma aber umso mehr. Oma war eine großartige Bäckerin, darum waren Backpulver und Puddingpulver von Dr. Oetker, Vanillezucker, Tortenguss, Tüten mit Rosinen und Mandeln, Zitronat und Orangeat für sie offenbar Schätze, die sie sehr willkommen hieß und in einer großen Blechbüchse (auch westlicher Herkunft) barg. Mir ist erst später bewusst geworden, dass es sich eigentlich um einen Tausch handelte, von dem sie vielleicht nicht mal den größeren Vorteil hatte.

Meine Großmutter konnte nämlich nicht nur backen, sondern auch Buchhaltung führen. In einem Buch hat sie alle Paketsendungen von West nach Ost und von Ost nach West detailliert festgehalten – mit dem Tag der Absendung, den Portokosten und der telefonischen oder brieflichen Bestätigung des Erhalts vom Empfänger, denn im Grenzverkehr konnte ja leicht etwas verloren gehen. Daher weiß ich, dass sie für all die Backzutaten selbstgebackenen Stollen, Makronen, Plätzchen oder anderes Gebäck retour in die Bundesrepublik schickte. Einmal muss laut Buchhaltung sogar eine Schichttorte ihren Weg im Paket über die Grenze gefunden haben. Darüber hinaus waren in den Ostpaketen, von denen ja heute kaum einer mehr spricht, unter anderem Briefpapier, ein Nussknacker und eine Pyramide aus Seifen, Bücher und Bildbände, Kunstkalender, Schallplatten mit Weihnachtsliedern, Bratpfannen, handbestickte Tischdecken, Schlummerrollen aus Leder und – ja, im Westen muss es wohl auch Engpässe gegeben haben – drei Tüten Kümmel.

Daneben nähmen sich die Sendungen mit Backzutaten, Schokolade, Strumpfhosen, Gummibärchen, Maggi, Kaffee, Kondensmilch, Nivea-Creme, duftiger Seife und Fischbüchsen fast gering aus, wären in den Sendungen aus dem Westen nicht auch oft Anziehsachen gewesen, die keine DDR-Boutique je in ihre Regale bekommen hätte. Auch wenn sie schon getragen waren, galten T-Shirts und Jeans als Kostbarkeiten, und wenn man in die Größe nicht mehr hineinwachsen konnte, zwängte man sich hinein, solange es ging.

Nur einmal habe ich meine Oma bei einer solchen Paketsendung sehr empört erlebt. Einen großen Teil des wertvollen Raums im Westpaket nahm diesmal etwas Sperriges, Starres ein, das mit fleischfarbenem Stoff überzogen war. Mit spitzen Fingern breitete Oma dieses Etwas vor uns aus, das sich als ein Korsett entpuppte. Meine aufrechte Großmutter fand zuerst keine, dann aber sehr viele Worte dafür, dass irgendjemand ernsthaft glauben konnte, sie brauche so etwas. Von den anderen wollte das Ding auch keiner haben, und so verschwand es für immer aus unseren Augen. Ich habe es später auch nicht mehr in Omas Buchhaltung wiedergefunden, und das kann, so gewissenhaft, wie sie war, kein Zufall sein. Wahrscheinlich hat sie dieses Paket nie bestätigt.

Die küssenden Puppen

Gisela Podlech

Langsam senkte sich die Dunkelheit auf die Buden, in denen die verschiedensten Weihnachtsartikel auslagen. Dicke Schneeflocken taumelten, glitzernd im Schein vieler Lichter, über den Marktplatz. Übermütig fing Barbara einige der Eiskristalle mit ihrer Zungenspitze auf, wie sie es getan hatte, als sie noch ein Mädchen war.

Es hatte sie unvermittelt zum Weihnachtsmarkt der kleinen Fachwerkstadt in den Hügeln des Teutoburger Waldes gezogen, und nun ließ sie sich von dem Duft nach Tannenzweigen, gebrannten Mandeln und Lebkuchen zurück in ihre Kindheit tragen, die weit hinter ihr lag.

Die Vorweihnachtszeit war immer voller Geheimnisse gewesen, wenn wie von Zauberhand ein Plätzchen oder eine Mandarine auf der Fensterbank gelegen hatten. Mama hatte dann gesagt: «Das hat das Christkind gebracht.» Aber man hatte sich noch so sehr auf die Lauer legen können, es hatte sich nie erwischen lassen.

Genauso geheimnisvoll waren Barbaras Puppen verschwunden, um dann am Heiligen Abend neu behäkelt und bestrickt unter dem Tannenbaum zu sitzen. Manchmal hatten sie auch zum Puppendoktor gemusst, wenn ihnen etwas gefehlt hatte. Ein Arm zum Beispiel oder ein Bein.

Und da waren sie nun: Die küssenden Puppen! Barbara entdeckte sie in einer Bude mit altmodischen Spielsachen. In einem kleinen, vorn offenen Häuschen stand ein junger Puppenmann. Vor ihm befand sich eine Scheibe und auf dieser ein hübsches Puppenmädchen. Barbara wusste, dass es eine Kurbel gab, mit der man die Scheibe in Bewegung setzen konnte.

Jetzt bemerkte sie die Frau, die sich für das Spielzeug interessierte und es sich vorführen ließ. Die kleine Kurbel wurde betätigt, und die Scheibe drehte sich. Mit der Scheibe drehte sich das Mädchen, und jedes Mal, wenn es an dem Mann vorbeikam, küssten sie sich hingebungsvoll. Barbara kannte das Geheimnis. Beide hatten Magnete in ihren Köpfen, die die Puppengesichter scheinbar unwiderstehlich zueinander hinzogen.

Barbara wollte einschreiten und der Frau zurufen: «Halt! Das Spielzeug gehört mir! Das hat Papi für mich gemacht. Das können Sie nicht haben, es ist meins!» Sie erkannte es nämlich ohne Zweifel wieder: Der junge Mann hatte dunkles Haar und trug Blau, das Mädchen war blond und in Rot.

Doch Barbara konnte nichts sagen. Sie stand da, gefroren wie ein Eiszapfen, und musste mit ansehen, wie die fremde Frau ihr geliebtes Spielzeug kaufte und mit sich fortnahm. Wie war es bloß hierhergekommen? Mama musste es verschenkt haben, so wie vieles, mit dem niemand mehr spielte.

Ja, Papi hatte die tollsten Sachen erschaffen. Barbara hatte ein Kettenkarussell für ihre kleinen Puppen besessen und eine Puppenstube mit Beleuchtung. Es hatte eine Weihnachtskrippe gegeben und eben die küssenden Puppen. Es waren die sechziger Jahre, Geld war knapp, aber Phantasie und Liebe gab es genug, und so hatten die Eltern vieles selbst gemacht.

Als Barbaras Erstarrung sich löste, nahm sie die Verfolgung der Frau auf. Sie würde ihr alles erzählen und, wenn es sein musste, den doppelten Preis zahlen, um die küssenden Puppen zurückzubekommen.

Sie bog um die Ecke, hinter der die Frau verschwunden war, war enttäuscht, als sie sie dort nicht fand, und landete dann auf dem Weg, der hinaufführte zur Burgruine. Umnebelt von Glühweindampf und dem heißer Maronen, blieb sie stehen und schloss ihre Augen, um zu überlegen, was zu tun sei. Doch stattdessen überließ sie sich den Bildern, die unerwartet in ihr aufstiegen.

Sie sah sich als Kind an Heiligabend mit ihren Eltern und ihrem Bruder Peter. Sie hatten oben in einem Siedlungshaus gewohnt, und ihr Onkel und ihre Tante mit Familie unten. Es hatte ein paar Cousins gegeben und die «Kuhsine» Beate, wie sie und Barbara sich gegenseitig herzlich genannt hatten. Mit dabei gewesen war auch immer Tante Josefa, die in der nahen Großstadt gelebt und so ungewöhnliche Dinge wie Pampelmusen mitgebracht hatte, die man auf dem Land noch gar nicht gekannt hatte.

Barbara schob die Erinnerungen beiseite. Sie musste die Suche nach der Frau fortsetzen und sie finden, sonst waren die küssenden Puppen für alle Zeit verloren.

An der nächsten Ecke wäre sie fast mit einem großen, kräftigen Nikolaus zusammengeprallt, der sie geistesgegenwärtig an den Armen festhielt. Sein freundliches Gesicht mit dem langen weißen Bart erinnerte sie an viele Begegnungen mit Nikoläusen.

Da war das Jahr, in dem Knecht Ruprecht, der dunkle Nikolaus-Begleiter, es auf Tante Josefa abgesehen hatte. Sie hatte gelegentlich eins mit der Rute bekommen und hatte sich das zum Vergnügen der Kinder gefallen lassen müssen.

Wer hätte es schon gewagt, sich mit Knecht Ruprecht anzulegen?

In einem anderen Jahr hatte Peter noch mehr Streiche als sonst auf dem Kerbholz, und Mama hatte ihm gesagt: «Der Nikolaus weiß alles und nimmt dich mit in seinem Sack.» Doch Peter hatte sich nicht bange machen lassen und sich vorsorglich eine Taschenlampe und eine Schere in die Hosentaschen gesteckt. Selbst das hatte der Nikolaus herausbekommen, ihm die Sachen abgenommen und eine gehörige Strafpredigt gehalten. Aber mitgenommen hatte der Nikolaus ihn dann doch nicht.

«Hallo!» Der Weihnachtsmarkt-Nikolaus schüttelte die geistig abwesende Barbara sanft zurück in die Gegenwart, und sie befreite sich schnell aus seinem Griff.

«Entschuldigung, Nikolaus», murmelte sie und hastete weiter.

Sie lief erfolglos zum Marktplatz und dann kreuz und quer durch alle Gassen, bis sie keine Ahnung mehr hatte, wo sie jetzt noch suchen sollte. Sie begann zu frieren in der winterkalten Luft und gönnte sich einen Weihnachtspunsch, der ihr Inneres wärmte.

Mit Wehmut dachte sie an ihre Kindheit. Aus Mami war mit dem Erwachsenwerden Mama geworden, aber Papi war für sie immer der Papi geblieben. Er hatte früh die Erde verlassen, als sie noch nicht einmal ein Teenager war. Der Onkel und die Tanten waren gegangen, und vor einiger Zeit nun auch Mama.

Manchmal sprach Barbara mit der «Kuhsine» über die alte Zeit, über Lustiges und Trauriges, und sie tauschten plattdeutsche Redensarten der älteren Generation aus, mit denen sie aufgewachsen waren und die sie heute nicht mehr hörten. «Ich vermisse das so», sagte Beate dann.

Die fremde Frau hatte den Weihnachtsmarkt wahrscheinlich längst verlassen. Barbara gab die Hoffnung auf, sie zu finden, und fuhr vorsichtig durch das heftiger gewordene Schneegestöber nach Hause. Sie zündete Kerzen an und machte es sich mit einem weiteren Weihnachtspunsch auf ihrem Sofa gemütlich.

Die küssenden Puppen waren unwiederbringlich fort. Doch sie hatte das Gefühl, dass dieses flüchtige Wiedersehen ihr etwas sagen wollte. Es war Zeit loszulassen, alle Menschen und Dinge, die sie verloren hatte, und die Traurigkeit, die manchmal noch aufkam, wenn sie daran dachte. Nur die Erinnerungen würden bleiben und für immer ihr Leben bereichern.

An Heiligabend erwachte sie morgens fröhlich und voller Freude auf den Abend. Sie würde ihn wie immer bei Peter und seiner Familie verbringen. Wie schön, dass sie diese Menschen hatte. Und natürlich auch die «Kuhsine», mit der sie Weihnachten bestimmt ganz lange telefonieren würde.

Der Tee ist angerichtet

Peter Schnepf

Herr Trapp, unser neuer Nachbar, ließ seine Skibox zuschnappen. Ab ins Engadin! Ob wir zwischendurch nach seinem Kater sehen könnten? Das sei kinderleicht, schob er nach, eigentlich bräuchten wir gar nichts zu tun, der Kater wisse alles selbst. Für uns Ahnungslose brachte er noch etwas Trockenfutter vorbei.

Das stattliche Tier schlich gelegentlich durch den Garten, ich kannte es nur vom Sehen, und dabei wollte ich es auch belassen. Nicht einmal seinen Namen hatte mir Herr Trapp mitgeteilt. Wie unaufmerksam, jede Katze hat einen Namen, rügte mich meine Frau, Katzen wollen mit Namen gerufen werden.

In den ersten Tagen nach Herrn Trapps Abreise sah ich das Tier immer öfter ums Haus streifen. Ich vermutete, dass der Kater uns argwöhnisch beobachtete, in seinem neuen Revier. Am Nachmittag des 24. Dezember lag er bei uns im Flur. Er räkelte sich auf dem Fußabstreifer und streckte mir alle vier Pfoten entgegen.

«Ich möchte Tee», hörte ich.

Der Papagei meiner Schwägerin sprach auch, allerdings meinte er nicht alles wörtlich. Ich rief meiner Frau zu, die Katze wünsche Tee.

«Katzen vertragen keinen Tee», rief sie zurück, ohne sich herzubemühen.

Die Uhr schlug halb fünf. Ich dachte an die Queen, sie würde um fünf Uhr ihren Tee trinken, auch an Heiligabend – hatte ich gestern im Radio gehört.

«Möchtest du englische Gurken-Sandwiches dazu?», fragte ich den Kater. Er maunzte, strich jetzt schnurrend mit nach oben gebogenem Schwanz um mein Bein. Also ja.

Krankenschwestern wissen auch nicht alles, dachte ich, und schob die Bedenken meiner Frau beiseite. Eigentlich wollte ich Kartoffel-Gurken-Salat machen, die Kartoffeln waren schon gewaschen, Messer und Topf lagen griffbereit. Und die Würstchen nicht zu vergessen! Aber der Kater bevorzugte Tee und Gurken-Sandwiches, wie die Queen. Meine Frau machte sich ohnehin nichts aus Würstchen, dachte ich, und hatte die Entscheidung schon gefällt. Der Kater hatte sich auf einem Stuhl ausgebreitet, ohne mich aus den Augen zu lassen.

Die Landgurke mit den kleinen Noppen fühlte sich wie ein Kaktus an, nur ohne Stacheln. «Sicher willst du sie geschält», sagte ich zum Kater.

Aus Vitalbrot, Frischkäse, Salatkräutern und hauchdünnen Gurkenscheiben zauberte ich appetitliche quadratische Häppchen und garnierte sie mit Basilikum-Blättchen vom Fenstersims. Jetzt noch das geerbte Teegeschirr! Zuletzt wickelte ich die zugehörigen Silberlöffel aus ihren roten Schutztüchlein aus. Der Kater leckte geschäftig sein Fell.

«Der Tee ist angerichtet, Madam», sagte ich zu meiner Frau. «Wir sind zu dritt und legen Wert auf gepflegte Unterhaltung», sagte ich zum Kater.

«Aha», sagte meine Frau, «gepflegt.» Ihr Blick blieb an meiner Trainingshose haften.

Widerspruchslos zog ich mich um, sogar ein passendes Jackett streifte ich über und strich es vor dem Spiegel zurecht. Die Hose war zu hell, so geht das nicht, entschied ich, und wechselte sie nochmals. Als ich zurückkam, stand Kandiszucker auf dem Tisch, und meine Frau sprach mit unserem vierbeinigen Gast.

Der Kater nippte mehrmals am Tee (Darjeeling!), beschnupperte die Sandwiches, ließ sie aber unberührt. Ich achtete darauf, meine Ellbogen nicht aufzustützen, und fühlte mich wie ein Earl.

«Viel besser als Kartoffelsalat und Würstchen im Trainingsanzug», bemerkte meine Frau und tupfte ihren Mund mit einer Serviette ab. Jetzt könnte Weihnachten kommen.

Sie sah gut aus, kann es sein, dass sie beim Friseur war?

«Du siehst gut aus, Schatz», sagte ich, erwähnte aber sicherheitshalber den Friseur nicht. Ich muss besser aufpassen in Zukunft, dachte ich.

Wir sprachen noch einen Toast auf die Queen aus, auf die Tradition und die guten Sitten. Und auf den Kater, der uns daran erinnert hatte. Wir tauften ihn Prinz Philip.

Die Weihnachtskröte

Birgitt Adolph

Hellmuth lebte schon seit einigen Jahren mit seinen Menschen in dem Haus am Stadtrand. Er fühlte sich sehr wohl in seinem Gartenterrarium mit Badeplatz. An den kühleren Tagen lag er gern auf seiner Wärmematte im Wohnzimmer und beobachtete das Treiben im Haus. Er verstand sich gut mit den anderen Haustieren, mit Minka, der getigerten Katze, mit Pedro, dem grünen Papagei, und mit Bronko, dem schwarzen Hund, den seine Menschen aus dem Urlaub mitgebracht hatten.

Hellmuth war eine griechische Landschildkröte und seine Menschen waren Bernd, der Vater, Anja, die Mutter, dazu Jonas, der Sohn, und Cara, die Tochter. Manchmal kamen noch andere Menschen ins Haus, aber die konnte sich Hellmuth nicht alle merken.

Er war recht zufrieden mit seinem Zuhause, wären da nicht die Geschichten, die vor allem Pedro ihm immer wieder erzählte. Der Papagei berichtete vom Winter, von der verwandelten Welt draußen, von Kälte und Schnee, aber vor allem von dem großen Fest, das mitten in der dunklen Jahreszeit ganz viel Licht ins Haus brachte. Dann würden Bäume im Zimmer wachsen mit goldenen Früchten. Dann würde es wunderbar duften und ganz viel Leckeres zu essen geben, auch für die Tiere. Die Menschen wären dann so ganz anders, sie würden sogar singen.

Menschen, die singen? Das konnte sich Hellmuth gar nicht vorstellen. Nur Vögel singen, das wusste er genau. Wie gern hätte er es selbst einmal miterlebt, was Pedro und die anderen alles erzählten, aber im Winter schlief Hellmuth. Als ordentliche Schildkröte wurde er immer sehr müde, wenn es kühler wurde im Herbst. Dann brachte Bernd ihn in einen speziellen Kühlschrank zum Winterschlaf. Hellmuth schlief also fest, wenn der Schnee kam und wenn Weihnachten gefeiert wurde.

Das machte ihn schon recht traurig, aber ändern konnte er nichts daran.

Als es wieder Herbst wurde, bezog Hellmuth seine kleine Kiste im Kühlschrank, am Ende des Flures, um darin bis zum Frühjahr zu schlafen. Draußen verloren die Bäume ihre Blätter, drinnen wurde die Heizung hochgestellt. Und bald schon war das Haus wieder geschmückt mit Sternen und Kerzen für das große Fest. Wieder roch es nach Lebkuchen, und die Kinder öffneten jeden Tag ein Türchen im Adventskalender. Bald würde es wieder Weihnachten sein.

«Hellmuth ist wach!»

Bernd rief das so laut, dass Anja aus der Küche gelaufen kam.

«Was sagst du da? Die Schildkröte macht doch Winterschlaf», sagte sie und trocknete sich die Hände an ihrer Schürze ab.

Bernd stand vor der geöffneten Tür des Kühlschranks, in dem Hellmuth seine Winterruhe hielt. Das hatten sie wohl zumindest bis dahin gedacht, aber jetzt war die Schildkröte wach. Bernd hatte wie jede Woche nach ihr schauen wollen, ob alles in Ordnung war, ob die Luftfeuchtigkeit stimmte und so weiter. Als er die Tür geöffnet hatte, hatte er aber in die glänzenden kleinen Augen seines gepanzerten Haustieres geguckt. Er hatte offenbar sofort gemerkt, dass die Temperatur viel zu hoch gewesen war. Der Kühlschrank hatte nicht mehr gekühlt, sondern Zimmertemperatur gehabt.

«Wie kann denn das nur passiert sein?», fragte Anja, während sie und Bernd ratlos auf das schwarze Stromkabel blickten, das leicht zusammengerollt am Boden lag – ohne Kontakt zur Steckdose.

Die beiden bemerkten nicht, dass Pedro ungewöhnlich hektisch seinen Hirsekolben bearbeitete, Minka mit eifrigem Putzen beschäftigt blieb und Bronko zwar die Augen geschlossen hatte, aber seine Schwanzspitze höchste Aufmerksamkeit verriet.

«Habt ihr den Stecker gezogen und nicht wieder reingesteckt?», fragte Bernd seine Kinder. Doch Jonas und Cara versicherten heftig und glaubwürdig, dass sie seit Tagen nicht einmal in der Nähe des Kühlschranks gewesen waren. Niemand konnte das Rätsel lösen.

«Jetzt ist er wach», sagte Anja schließlich, «dann wird er diesmal mit uns Weihnachten feiern. Holt etwas warmes Wasser. Wir werden ihn erst einmal baden.»

Jonas und Cara sorgten dafür, dass Hellmuth seine Wärmematte im Wohnzimmer beziehen konnte. Da gab es viel zu schauen für die kleine Schildkröte. Hellmuth blickte durch die Terrassentür in den Garten. Er konnte ihn kaum wiedererkennen, denn er war glattgezogen und weiß. Nur das Vogelhaus war deutlich zu sehen, aber es trug eine hohe weiße Haube.

Das muss der Schnee sein, dachte Hellmuth und sah sich nun im Zimmer um. Tatsächlich war da ein Baum gewachsen. Glänzende Früchte hingen an seinen grünen Zweigen, genau wie Pedro es beschrieben hatte. Unter dem Baum standen kleine Menschen in einer Gruppe rund um ein Menschenkind. Das lag in einer Kiste. Was das sollte, verstand Hellmuth nicht. Auf dem Sideboard lagen viele bunte Kästchen mit goldenen und roten Schleifen. Und der Tisch trug ein weißes Tuch, das fast bis zum Boden reichte. Hellmuth staunte nicht schlecht, als Anja und Jonas den Tisch deckten mit schimmernden Gläsern und feinem Geschirr. Es musste wirklich ein besonderes Fest sein, das die Menschen mitten im Winter feierten.

Am Abend wurde es draußen ganz still. Nur dann und wann waren Glocken zu hören. Seine Menschen hatten sich umgezogen. Zwei ältere Menschen waren noch dazugekommen. Nun saßen alle am Tisch und aßen. Langsam wurde es dunkel, aber Hellmuth blieb munter. Diese wunderbare Gelegenheit, das große Fest mitzuerleben, wollte er auskosten.

Auf einmal standen alle auf und zogen sich ihre Mäntel und Jacken an. Die Glocken hatten wieder angefangen zu läuten, und die ganze Familie verließ das Haus. Wo sie hingingen, konnte Hellmuth nicht herausfinden, aber er nutzte die Gelegenheit, die kleinen Menschen unter dem geschmückten Baum zu besuchen. Sie bewegten sich nicht, als er herangekrochen kam. Er schaute sich alles genau an, vor allem das freundliche Kind in seiner kleinen Kiste. Die anderen Tiere beobachteten ihn mit Interesse. Sie freuten sich, dass die Schildkröte ihnen diesmal an Weihnachten Gesellschaft leistete – dank ihres Sondereinsatzes in Sachen Stromausfall.

Da ging auf einmal die Tür auf. Die Menschenfamilie war wieder da.

Cara entdeckte Hellmuth als Erste. «Schaut mal, Hellmuth ist zur Krippe gekrochen.»

«Er wollte sich das Christkind wohl aus der Nähe anschauen», sagte Anja und lachte. «Er ist eben eine richtige Weihnachtskröte.»

Dann setzten sich die älteren Menschen aufs Sofa, während die Kinder anfingen, die bunten Kistchen zu öffnen. Es wurde viel gelacht und durcheinandergeredet. Auch die Tiere wurden beschenkt. Pedro bekam einen kleinen Spiegel, Minka einen neuen Napf, und Bronko durfte sich an einem riesigen Beißknochen abarbeiten. Weil mit Hellmuth niemand gerechnet hatte, bekam er zur Feier des Tages eine Banane. Die aß er besonders gern.

Dann setzte sich Cara ans Klavier und alle sangen. Sie sangen tatsächlich ein Lied. Hellmuth konnte es kaum glauben, aber auch Menschen können singen. Danach tranken die großen Menschen aus den schimmernden Gläsern etwas Rotes. Die Kinder durften lange aufbleiben und sich mit den Inhalten der Päckchen beschäftigen. Und Hellmuth lag wieder auf seiner Wärmematte und wurde langsam, aber sicher sehr müde. Doch er war glücklich. Das also war Weihnachten, dachte er und blickte auf den Baum, der nun auch noch leuchtete. Er war voll von kleinen Lichtern, die den ganzen Raum erfüllten. Es war alles so, wie es Pedro und die anderen Tiere berichtet hatten.

Nächstes Jahr würde er bestimmt wieder im Winterschlaf liegen, aber nun wusste auch Hellmuth, die Schildkröte, wie es sich anfühlte, wenn Weihnachten war.

Mein miesestes Weihnachten

Thomas Flüh

Geschenke aussuchen und hübsch einpacken, ein Menü planen und beste Zutaten dafür beschaffen, Verwandte einladen, den Baum aussuchen und festlich schmücken – die Liste lässt sich fortsetzen und führt bei so manchen von uns zu argem Stress. Letztendlich aber werden wir meist immer mit glänzenden Kinderaugen oder überschwänglichen Ausrufen wie: «Das ist mein schönstes Weihnachten!» für unsere Anstrengungen belohnt – meist. Dass es nun bei allen Bemühungen nicht immer gelingt, das perfekte Weihnachten zu kreieren, musste ich in früher Jugend erfahren:

Eigentlich war ich, was die weihnachtliche Vorfreude betrifft, schon über den Zenit kindlicher Erwartungen hinaus. Ich war Mitte der achtziger Jahre mit der Lehre fertig und nur noch sporadisch im Elternhaus anzutreffen. Man ging halt schon seine eigenen Wege. Gleichwohl war auch für mich Weihnachten immer noch das absolute Highlight des Jahres, und ich freute mich auf gutes Essen und gemütliches Zusammensein mit Eltern und Geschwistern. Meine kleine Schwester war noch schulpflichtig, auch deshalb ließ die Erwartung hoffen, dass das Fest ähnlich sein würde, wie meine älteren Brüder und ich es schon früher in vollendeter Harmonie erleben durften. Wenn alle Faktoren dafür zusammenkamen, stand einem Top-Weihnachtsfest also nicht mehr im Wege.

Leider kamen an diesem Weihnachtsfest Mitte der Achtziger nicht alle Faktoren zusammen. Der entscheidende fehlte: meine Mutter!

Die vergangenen schweren Jahre – sie hatte neben reichlich Arbeit im Haushalt und auf dem Hof ganz nebenher fünf Kinder großgezogen – hatten arg an ihrer Gesundheit gezehrt, und so musste sie zur Erholung eine lang verdiente Kur antreten. Das jedoch über Weihnachten, dem denkbar schlechtesten Termin, eine Mutter aus ihrer Familie zu nehmen. Natürlich hatten wir ihr alle zugenickt, ihre Bedenken gegen den ungünstigen Termin zerstreut und ihr gesagt: «Fahr ruhig, erhole dich und komm wieder zu Kräften, wir schaffen das hier auch alleine.»

Weihnachten ohne die Mutter – natürlich kann man das schaffen, aber auch nur schaffen, mehr nicht.

Gut, Geschenke waren vorher von ihr besorgt und liebevoll verpackt worden, das sollte kein Problem darstellen. Für das festliche Mahl schien durch eine Lösung seitens meines Vaters gesorgt zu sein. Nicht, dass er sich auf die Zubereitung von schmackhaften Speisen verstand. Das Einzige, was er jemals selbst kulinarisch zustande gebracht hatte, war Buchweizengrütze. Meist zwar arg versalzen, aber sättigend. Nein, Grütze sollte es nicht geben. Der Plan bestand vielmehr darin, dass er das Festmenü von der Arbeit mitbringen wollte. Mein Vater war Pfleger in einem Krankenhaus – und hatte auch noch am Heiligabend und über die Festtage Spätdienst!

So kam es, dass wir, also ich und meine kleine Schwester, am Heiligabend allein vor dem Fernseher sitzend auf die Ankunft – nicht des Weihnachtsmannes, sondern des Vaters mit dem Essen warteten. Kein Braten und Rotkohlduft im

Hause. Kein fröhlicher Gesang aus der Küche. Selbstgebackenes war auch nicht zu erwarten. Der Baum war schon aus Gründen des Zeitmanagements Tage vorher geschmückt worden. Den Baum vorher schmücken – was für ein Frevel!

Irgendwann gegen Abend kam Vater schließlich. Sichtlich bemüht, eine weihnachtliche Stimmung zu verbreiten. Ohne Erfolg. Das Essen war ein Fiasko. Pasteten mit weißer Glibbersoße. Gut, das kann für manche ein Festessen sein, wir aber waren traditionell auf Rinder- und Schweinebraten eingestellt. Bloß keine Miene verziehen, sich die Enttäuschung nicht anmerken lassen: «Ja, Vater, schmeckt gut, Wohlsein!»

Selbst die knisternde Weihnachtsschallplatte, die wir seit Jahrzehnten zum Essen und zur Bescherung spielen, hatten wir vergessen aufzulegen.

Nachdem wir dieses trostlose Mahl beendet hatten, zog ich mich aufs stille Örtchen zurück. Als ich die Spülung zog – passierte nichts. Eine Verstopfung. Ich gab meinem Vater Bescheid, der sich flugs mit der Reinigungsspirale bewaffnete, um dem Übel Herr zu werden. Mit beherzten Stößen der Metallspirale in die Verstopfung gelang ihm dies erstaunlich flott, und glücklich über das wiedererlangte Wasserrauschen rief er: «Jetzt Bescherung, und dann machen wir es uns gemütlich, Mutti ruft sicher auch gleich an.»

Gesagt, getan. Aber leider kam eine gemütliche Stimmung zwischen uns dreien nicht auf. Meine älteren Brüder zogen es vor, erst gar nicht zu erscheinen, wohl wissend, dass ein Weihnachtsfest ohne die Mutter nichts Tolles sein würde.

Als ich über den Flur die Treppe hinauf zur Badestube ging, bemerkte ich, dass die Glasbausteine an der Eingangsfront einen seltsamen Überzug aufwiesen. Außerdem verbreitete sich ein penetranter Geruch, und der Teppichboden schien nass zu sein. Ich ging ins Badezimmer und warf einen besorgten Blick auf die Toilette. Doch von Verstopfung keine Spur. Mein Vater hatte ganze Arbeit geleistet. Nur leider hatte er den in der Abseite im 90-Grad-Winkel verlaufenden Bogen der Abwasserleitung durchstoßen – mit dem Ergebnis, dass die Fäkalien sich munter in den darunterliegenden Flur ergossen. Wir hatten starken Frost an diesem Heiligabend und das wiederum sorgte dafür, dass die Glasbausteine auf der Außenseite mit bizarrem braunen Eis verkrustet waren.

Kaum zu glauben, dass das Loch in der Leitung für solch eine Flut sorgte, Halleluja.

Während wir mit Eimern und Wischmopp bewaffnet versuchten, dem stinkenden Chaos zu begegnen, klingelte das Telefon. Vater rief: «Das ist Mutti! Von allem hier bloß kein Sterbenswörtchen, okay?»

«Hallo, Mutti, ja, frohe Weihnachten auch dir. Uns geht es gut. Wir haben schön gegessen und sitzen jetzt gemütlich zusammen. Erhol dich gut, wir sehen uns im neuen Jahr!»

Einige Tage später, nachdem das Unheil beseitigt, die Wand aufgebrochen und das Rohr repariert war, fuhr mein Vater zu unserer Mutter in den Kurort. Sie verlebten dort einige schöne Tage miteinander, ohne dass mein Vater von den Geschehnissen dieses mit Abstand miesesten Weihnachten aller Zeiten berichtete.

Meine Mutter hat ihre Erfahrung, Weihnachten ohne die Familie verbringen zu müssen, in ihrer Geschichte *Die Kur* niedergeschrieben, die in einer sehr frühen Ausgabe der *Weihnachtsgeschichten am Kamin* erschienen ist. Freilich, ohne je zu wissen, was tatsächlich während ihrer Abwesenheit an diesem unsäglichen Weihnachtsfest zu Hause los gewesen ist.

Pastete mit Hühnerfrikassee hat es bei uns nie wieder gegeben, und Abflussrohre verlegt man mit zwei 45-Grad-Rohren!

Danke, Papa

Manuela Unger-Pretzsch

Heute vor fünf Jahren starb mein Vater. Er starb am Samstag des dritten Advents. Am frühen Morgen wollte ich ihn wie jeden Morgen in den vergangenen Wochen im Krankenhaus anrufen, doch er hob nicht mehr ab. Die Stationsschwester, die ich dann erreichte, gab ausweichende Antworten, die Ärztin, auf deren schnellen Rückruf ich in höchster Anspannung gefühlt eine Ewigkeit wartete, sagte das Unfassbare: «Ihr Vater ist tot.»

Gerade am Vortag noch glaubte ich ihn über den Berg. Mich freute, ihn bald zu Hause zu betreuen. So sehr, dass ich losmarschiert war und den größten und prächtigsten Weihnachtsbaum gekauft hatte, der je in unserem Wohnzimmer geprangt hatte. Und gerade eine Woche zuvor war ich bei meinem Sohn in Tränen der Verzweiflung und der Angst um meinen Vater ausgebrochen. Was mein Sohn mir an jenem Abend verschwiegen hatte, waren die nur mühsam hervorgebrachten Worte, die mein Vater an ihn gerichtet hatte: «Andi, du musst jederzeit damit rechnen … Pass mir auf deine Mama auf!»

Dieses «Pass mir auf deine Mama auf …» hatte er bereits am ersten Advent zu meiner Tochter gesagt. Ich hatte all diese Ankündigungen nicht realisieren wollen und hatte bei meinen Kindern nur verzweifelt geschluchzt: «Wenn es am vierten Advent wirklich dazu kommt, dass wir ihn abholen können, dann … dann ist für mich Weihnachten.»

Wir trugen ihn am Freitag des vierten Advents zu Grabe.

Das Weihnachtsfest vor fünf Jahren war auf seine Art das traurigste, aber auch das bewegendste, das meine Familie und ich je gefeiert hatten. Wie ich es schaffte, den prachtvollen Baum zu schmücken, weiß ich nicht mehr. Wir fanden uns zusammen in aller Stille, tieftraurig, bis ins Innerste erschüttert. Noch heute kann ich die eisige Faust spüren, die mein Herz umklammert hielt, gemildert nur von der tröstlichen Anwesenheit meiner Familie. Das Wohnzimmer erstrahlte auch an diesem Weihnachten wie immer stimmungsvoll in festlichem Kerzenlicht, aber alle Kerzen brannten nur für meinen Vater. Mit viel Schmerz kochte ich genau das Essen, das er so gerne gegessen und an dem Heiligen Abend vor vielen Jahren, den nur wir beide gemeinsam gefeiert hatten, so phantastisch für uns zubereitet hatte. Und ich ertappte mich dabei, wie ich tatsächlich den Telefonhörer abnahm, um ihn, den begnadeten Hobbykoch, wie so oft anzurufen, um nach Garzeit und Backofentemperatur zu fragen.

Seine Stimme würde jetzt für immer schweigen.

Es gab an diesem Heiligen Abend gebeizten Lachs, Roastbeef, auf den Punkt gebraten, mit Rotwein-Charlottensauce, dazu Feldsalat, zum Nachtisch Crêpes Suzettes.

Genau wie ungefähr dreißig Jahre zuvor, an dem Weihnachten, das mein Vater und ich ganz allein zusammen verbrachten. Nur wir zwei.

Ich war damals in der Endphase meines Studiums, lebte vierhundertfünfzig Kilometer von ihm entfernt. Seit der Scheidung meiner Eltern verbrachte ich den 24. Dezember immer mit meiner Mutter und besuchte ihn dann an einem der Weihnachtstage. In dem Jahr damals bat er mich darum, doch einmal am Heiligen Abend bei ihm zu sein. Meine Mutter konnte den Heiligen Abend bei ihrer Schwester und deren Familie verbringen, beschwerte sich hierüber aber sehr, was ich auch verstand und was mir leidtat.

«Ich kann die Mutti nicht allein lassen …», versuchte ich ihm zu erklären.

«Gut», hatte er geseufzt, «dann bin ich eben wieder allein. In Ordnung, verstehe ich.»

Der unterdrückte Schmerz in seiner Stimme brach mir schier das Herz, und so fuhr ich dieses eine Mal zwei Tage vor Weihnachten mit schlechtem Gewissen meiner Mutter gegenüber in meinem kleinen roten Auto zu ihm. Noch heute sehe ich das Strahlen in seinen Augen, als ich ankam.

Seine Penthouse-Wohnung war typisch für einen Mann, der allein lebte – von der Haushälterin gepflegt, aber unpersönlich. Am nächsten Morgen kauften wir zusammen Lebensmittel ein, und voller Stolz stellte er mich überall vor: «Das ist meine Tochter!»

Beladen wie die Nikoläuse kamen wir zurück. Dann zogen wir noch einmal los, um einen Weihnachtsbaum zu ergattern, es war einer der letzten gewesen, ein ziemlich schief gewachsenes Ding, das wir mit Mühe im Ständer befestigten.

«Irgendwo im Keller muss noch der alte Christbaumschmuck sein …», meinte er.

Ich fand ihn schließlich: den alten und sicher nicht mehr zeitgemäßen Christbaumschmuck meiner Kindheit, von dem mein sentimentaler Vater sich nicht hatte trennen können. Damit wurde der Baum geschmückt, und vor dem Hintergrund der alten Möbel aus Ehezeiten, von denen er sich auch nicht trennen konnte, erinnerte mich das Wohnzimmer an die Weihnachten meiner Kindheit.

Draußen wurde es dunkel, aus der Küche strömte herrlicher Bratenduft. Am Weihnachtsbaum entzündeten wir die Kerzen, keine Lichterkette, sondern wie immer echte Bienenwachskerzen. Mein Vater klingelte lächelnd mit dem Glöckchen, und etwas verlegen stimmten wir wie früher *Alle Jahre wieder* an – jetzt nur zu zweit. Und dann war sie plötzlich da, diese ganz besondere Stimmung, die man nur an Weihnachten verspürt – feierlich, festlich, freudig, etwas rührselig. Wir stießen mit Sekt an und überreichten uns unsere Päckchen – mein Geschenk an ihn war ein dunkelblauer Kaschmirschal, das weiß ich noch heute. Von ihm bekam ich wie immer einen Scheck mit einem größeren Geldbetrag und ein kleines flaches Etui. Darin lag auf dunkelblauem Samt eine weißgoldene Halskette mit einem Solitärdiamanten. Sie gehört noch heute zu meinen kostbarsten Schmuckstücken.

Gemeinsam bereiteten wir das Essen zu – ich sehe ihn noch heute vor dem Backofen in der Hocke die Sauce abschmecken: «Hmmm, das ist uns gut gelungen!»

Wir genossen den Abend mit gutem Wein und noch besseren Gesprächen – herzlich, intensiv, tiefgründig, humorvoll, verbindend. Es sind sein Humor, seine scharfsinnige Klugheit und seine Wärme, die mir heute fehlen. Wir waren glücklich miteinander und einander sehr nahe. Dieses Weihnachten bewahre ich für immer als Schatz in meiner Seele.

Wir lesen jedes Jahr am Samstag des dritten Advents eine Messe für meinen Vater. Das gibt ihn mir nicht zurück, aber es tut mir gut, etwas für ihn zu tun. Es tut mir auch gut, seinen Namen noch einmal zu hören. Es ist Tradition und Trost, dass meine Familie und ich danach um Mitternacht den Weihnachtsmarkt in unserer kleinen Stadt besuchen, mit Trauer und voll Dankbarkeit an ihn denken und uns gleichzeitig an Glühwein und Trompetenklang erfreuen.

Vor dem Hintergrund der schrecklichen Erinnerungen an den Heiligabend vor fünf Jahren sind die Weihnachtsfeste mit meiner Familie nun umso erfüllter. Meine Seele hat meinen toten Vater gesucht und gefunden und ihm einen festen Platz gegeben in meinem weiteren Leben. Er ist mir für immer auf wunderbare Weise präsent – er hatte nicht nur Charakter, er war ein Charakter. Durch ihn bin ich zu der Person geworden, die ich heute bin.

Danke, Papa.

Und wenn meine Familie und ich in diesem Jahr wieder vor den leuchtenden Kerzen des Weihnachtsbaumes unsere Gläser erheben, wenn wir uns frohe Weihnachten wünschen und, von meiner Tochter am Klavier begleitet, einstimmen in *Alle Jahre wieder*, dann, dann ist auch er in meinem Herzen mit dabei.

Kreuzstich

Irmgard Goße

Sie sollte eine Weihnachtsüberraschung für meine Mutter werden, diese Decke, die mich in der Quinta beinahe meine Schullaufbahn gekostet hätte. Besticken einer Mitteldecke mit Kreuzstich stand auf dem Stundenplan. Ich entschied mich für einen dunkelgrünen Stoff, auf den ich eine Borte aus roten und weißen Sternen sticken wollte, die etwa fünf Zentimeter vom Rand um die Decke herumlaufen sollte. Gestickt wurde auf Halbleinen, das ließ sich für uns Anfänger gut auszählen. Frau Husemeier, unsere Handarbeitslehrerin, zeigte uns, wie der Anfangsfaden geknotet wurde und wie zu sticken war: immer erst der Unterstich von links unten nach rechts oben, dann der Oberstich von links oben nach rechts unten. Sie erklärte auch, wie man die Kreuzchen aneinanderreihte und wie die Fäden auf der linken Seite vernäht werden mussten. Kurzum, das Handwerkliche war bald erklärt.

Ich machte mich genau wie meine Klassenkameradinnen mit Feuereifer an die ersten Stiche. Von Handarbeitsstunde zu Handarbeitsstunde entstanden immer mehr leuchtende Sterne auf meiner Decke. Dann wurde ich krank. Eine Mandelentzündung mit hohem Fieber hielt mich zu Hause fest. Sobald es mir besser ging, holte ich mir die Kreuzstichdecke ins Bett und stickte eifrig weiter. Es war sehr schwierig, daran zu arbeiten, ohne dass meine Mutter sie zu Gesicht bekam. Immer, wenn ich sie die Treppe heraufkommen hörte, stopfte ich Decke nebst piekender Sticknadel eilig unter meine Bettdecke. Dabei hatte ich stets Angst, dass irgendwo ein verräterischer Zipfel hervorlugen könnte.

Als ich wieder zur Schule gehen konnte, war die Decke zu drei Viertel fertig. Ich freute mich auf die nächste Handarbeitsstunde, und, klar, ich erwartete ein mächtiges Lob, weil ich trotz meiner Krankheit so fleißig gewesen war. Aber – weit gefehlt.

«Du liebe Güte, was ist denn das? Der Oberstich läuft bei dir ja einmal von links nach rechts und dann wieder von rechts nach links», sah Frau Husemeier sofort. «Hast du denn gar nicht zugehört?! Ich habe euch doch genau erklärt, wie man's richtig macht. Also, so geht das nicht! Da hilft nur auftrennen und neu machen.»

Ich war fassungslos. So viel Arbeit und alles umsonst? Mir kamen vor Enttäuschung die Tränen.

«Am besten fängst du gleich an», sagte Frau Husemeier noch und wandte sich ab.

«Nein», widersetzte ich mich. «Das tue ich nicht. Ich finde die Kreuzchen in Ordnung, so wie sie sind. Außerdem: Wer schaut sich meine Decke schon an? Sie vielleicht und meine Mutter. Der gefällt die Decke bestimmt auch so, wie sie ist.»

«Du trennst alle fehlerhaften Kreuzchen wieder auf. So sind sie doch keine ordentliche Handarbeit!», bekam ich zur Antwort. «Mach dich an die Arbeit, aber fix! Bis Weihnachten ist es nicht mehr lange hin.»

Ich saß auf meinem Platz, die Decke vor mir auf dem Tisch, und heulte vor Wut.

«Na los!», raunte mir meine Banknachbarin Uschi ins Ohr. «Gegen die kommst du sowieso nicht an.»

«So viel Arbeit ist das doch gar nicht», drehte Ingrid sich zu mir um. Aber ich vergoss trostlose Tränen. Wollte denn gar keiner verstehen, wie sauer ich war?

Am liebsten hätte ich zu Hause meiner Mutter gleich von meinem Kummer erzählt, aber das ging ja nicht. Die Decke sollte doch eine Überraschung werden.

Ratlos saß ich in meinem Zimmer und schmollte. So ein Quatsch, die Kreuzchen aufmachen. Die roten und weißen Sterne sahen doch hübsch aus auf dem dunkelgrünen Stoff. Richtig prima, alle wie sie da waren, dachte ich. Aufmachen, das konnte auch nur einer Handarbeitslehrerin einfallen. Nee, nee. Ohne mich.

Die nächste Handarbeitsstunde und auch die darauffolgende schwänzte ich. Als das herauskam, nahm meine Klassenlehrerin mich zur Seite und redete mir gut zu. Von gleichmäßigen Kreuzchen und ordentlichem Handwerk war die Rede. Und ich wollte meiner Mutter an Weihnachten doch eine Freude machen, ob mir die nicht geglückten Kreuzchen denn gut genug wären für meine Mama? Und, und, und …

Ich konnte die ganze Aufregung nicht begreifen. Für mich war ganz klar: Die Decke war so in Ordnung, wie sie war, und Mama würde sie sicher auch okay finden. Also blieb ich dabei: «Auftrennen werde ich die Kreuzchen nicht, auf keinen Fall. Eher gehe ich von der Schule ab.»

Auf dem Heimweg schluchzte ich wütend in mich hinein. Wenn ich doch wenigstens mit meiner Mutter reden könnte, dachte ich verzagt. Papa brauchte ich gar nicht erst mit meinem Kummer zu kommen, der sagte sowieso: «Handarbeit ist Frauensache, lasst mich bloß in Ruhe damit!»

Die Schultage schleppten sich quälend dahin. Wenn Handarbeit anstand, ging ich einfach heim. Schließlich rief meine Klassenlehrerin bei mir zu Hause an. Sie müsse, nein, nicht mit meiner Mutter, sondern mit meinem Vater reden. Was denn in mich gefahren sei?

Die beiden führten ein langes Gespräch miteinander. Quintessenz dieses Telefonats: Die Kreuzchen blieben, wo und wie sie waren. Ich musste die Decke – «ordentlich!» – zu Ende sticken. Und: Ich bekam als Zensur fürs Handarbeiten eine Fünf im Zeugnis. Das fand ich völlig in Ordnung, und so machte ich mich zügig ans Werk.

Am Weihnachtsabend konnte ich meiner Mutter die fertige Decke überreichen und ihr endlich auch die dazugehörige aufregende Geschichte erzählen. Daraufhin schloss meine Mutter mich lange in die Arme. Die Decke fand schon an diesem Abend ihren Platz auf dem Buffet im Esszimmer. Von da an diente sie Jahr für Jahr in der Adventszeit als farbenfrohe Unterlage für unseren großen Adventskranz. Vom näheren Hinsehen allerdings hielt meine Mutter jedermann entschlossen ab.

Das Wiedersehen nach siebzig Jahren

Josef Przyklenk

Als es am Heiligen Abend des Jahres 2014 zu dunkeln begann, zündete Ellen Gardener sieben Kerzen an ihrem Weihnachtsbaum an und goss sich ein Glas Punsch ein. Dann nahm sie aus einer Schublade ihr Tagebuch, schlug eine gekennzeichnete Seite auf und begann laut zu lesen:

Heiliger Abend 1944. Es beginnt zu dunkeln. Ich habe gerade sieben Kerzen an meinem Weihnachtsbaum entzündet. Das Heulen der Luftschutzsirenen zerschneidet die Stille. Fliegeralarm. Ich müsste in den Keller oder in den Bunker. Aber ich gehe nicht. Heute bleibe ich. Diesen Abend lasse ich mir nicht verderben. Sie sind heute schnell da. Die Vorwarnzeiten werden immer kürzer. Unheilverkündendes Brummen erfüllt die Luft. Mir sträuben sich die Nackenhaare. Vom Fenster aus sehe ich, wie die Bomber an vier Stellen hell leuchtende so genannte Christbäume setzen. Christbäume am Himmel am Heiligen Abend? Das Areal, in dem die Bomben fallen sollen, wird markiert. Die ersten Detonationen. Weit weg und doch schmerzhaft nah. Die Flakbatterie am Berg gegenüber beginnt zu feuern. Wumm, wumm, wumm. Ein greller Blitz am Himmel. Volltreffer. In Spiralen schießt ein Feuerball zur Erde. Kurz sehe ich im Lichtkegel der Flak einen Fallschirm. Die Detonationen kommen näher. Sollte ich nicht doch lieber in den Keller gehen? Nein, heute bleibe ich.

Ich sitze in meiner fast dunklen Stube unter meinem Baum. Nur einige Kilometer weiter wütet das Inferno. Ich stelle mir vor, wie die Menschen in panischer Angst aus den brennenden Häusern stürzen. Warum, lieber Gott, warum, frage ich mich. Die Kerzen sind fast heruntergebrannt. Ich gehe noch einmal ans Fenster. Da sehe ich ihn. Er hat die Hände wie zu einer Bitte gehoben. Sie sind, genauso wie Teile seines Overalls, verbrannt. Sein Gesicht ist rußgeschwärzt. Es sind seine Augen, dieser Schrei nach Leben, der mein Herz rasen lässt. Freund oder Feind? Ein Mensch! Tausendfach wird an diesem Heiligen Abend gestorben. Dieses eine Leben werde ich retten. Ich öffne das Fenster. Er sieht mich an. Ich nicke, packe seinen Arm, ziehe ihn ins Zimmer. Wieder sieht er mich mit diesen sprechenden Augen an und sagt: «Thank you.» Und dann: «Danke!»

Jetzt weiß ich es. Er ist der Mann mit dem Fallschirm. Einer von den Bombenabladern. So sehen die also aus der Nähe aus. Wenn die «Kettenhunde» ihn finden, ist er verloren. Wehrkraftzersetzung – heißt das nicht so, was ich hier mache? Ich habe es schon einmal durchgezogen. Und ich werde es wieder tun. Die Aggressionskette unterbrechen. Es muss schnell gehen. Sie werden nach ihm suchen. Zum Glück ist das Versteck in der doppelten Wand im Keller funktionsfähig. Ich führe ihn hin. Er kapiert sofort.

Gerade als ich aus dem Keller wieder in die Stube komme, höre ich schwere Schläge gegen die Haustür: «Militärpolizei! Öffnen Sie!»

«Ich komme», rufe ich.

«Ein amerikanischer Pilot treibt sich hier herum. Haben Sie etwas beobachtet?», werde ich gefragt.

«Nein», sage ich, «hier war niemand.»

«Seien Sie vorsichtig. Diese Leute sind zu allem fähig. Gehen Sie lieber wieder in den Keller.»

«Das werde ich tun», sage ich.

Später in der Nacht versorge ich seine Wunden.

«Ich bin Jonathan», sagt er.

«Ich bin Ellen.»

Was sich in den nächsten Nächten – denn nur dann darf er für einige Zeit aus seinem Versteck herauskommen – zwischen Jonathan und mir ereignet, kann ich nur als Wunder bezeichnen. Wenn wir uns berühren, öffnet sich der Himmel. Wir beide haben so etwas noch nicht erlebt. Wir fühlen, dass wir füreinander bestimmt sind. So vergeht die Zeit. Das Frühjahr kommt, und dann das Kriegsende. Wir haben es herbeigesehnt, aber gleichzeitig fühle ich, dass sich etwas ändern wird. Das macht mir Angst.

Diese Angst steigert sich, als Jonathan am letzten Abend sagt: «Ellen, ich liebe dich. Ich wollte dir schon anfangs etwas Wichtiges sagen. Aber ich habe es nicht geschafft. Ich bin verheiratet und habe ein Kind. Einen Jungen.»

Ich höre die Worte, mein Kopf versteht sie, aber mein rasendes Herz weigert sich, sie zu glauben.

«Nein, nein», schreie ich, «das glaube ich nicht!»

«Es ist wahr. Ich bin verheiratet. Aber, Ellen, ich liebe nur dich und möchte bei dir bleiben.»

«Nein, du Schuft», schreie ich wieder und trommele mit beiden Fäusten auf seine Brust, «ich möchte mein Glück nicht auf dem Unglück anderer gründen. Der Krieg ist zu Ende. Du brauchst dich nicht mehr zu verstecken. Morgen gehst du. Zu deiner Frau und deinem Sohn.»

«Ellen, bitte! Bitte!» Er hebt die Hände, wie damals, als er vor meinem Fenster stand.

«Nein», sage ich, und spreche danach kein Wort mehr mit ihm. Als er am nächsten Tag geht, nimmt er etwas mit, das einmal mein Herz war.

Oft frage ich mich, warum ich damals so herzlos gehandelt habe. Und es tut mir leid. Unendlich leid. Denn ich habe nie aufgehört, ihn zu lieben. Bei allem, was ich bei meinen gefeierten Erfolgen als Ballerina, als Primaballerina tat, fragte ich mich, was Jonathan dazu sagen würde.

Im nächsten Jahr werde ich neunzig. Einen Wunsch habe ich an mein Leben: Ich möchte Jonathan noch einmal in die Arme schließen.

***

Ellen hatte das Tagebuch auf ihren Schoß gelegt. Ihr Blick ging in unendliche Weiten. Ihre Augen schimmerten feucht. Ihre verzehrende Sehnsucht füllte den Raum.

Sie schloss die Augen. Die Kerzen waren fast heruntergebrannt. Dann tauchte er auf. Strahlend und hell im Licht des Vollmondes stand er vor dem Fenster. Wie damals. Nur trug er statt der halb verbrannten Fliegeruniform einen cremefarbenen Anzug mit Krawatte. Und statt der Detonationen läuteten die Kirchenglocken zur Heiligen Nacht. Er winkte. Seine Augen suchten Ellen. Die war aufgesprungen. Mit den federnden Schritten einer Tänzerin ging sie in ihrem weißen, mit Pailletten bestickten Seidenkleid zum Fenster. Öffnete.

«Da bist du ja!», sagte sie. Dabei huschte dieses überirdische Leuchten über ihr Gesicht.

«Ja, Ellen, da bin ich», sagte er.

«Ich habe auf dich gewartet», sagte sie.

«Mein Herz hat siebzig lange Jahre nach dir geschrien», sagte er.

«Warum nur, warum haben wir uns nicht schon eher getroffen?»

«Ach, Ellen. Weil … Die Hauptsache ist, dass du da bist. Ich halte dich fest. Bis in alle Ewigkeit lasse ich dich nicht mehr los.»

«Ich werde dich immer lieben, Jonathan!»

«Ich dich auch, Ellen.»

Angelo

Anneli Klipphahn

«Nein», schreit Melanie und stampft mit dem Fuß auf. «Nein, nein, nein!»

Sie pfeffert das Beweisstück in den Mülleimer, hastet in den Flur, zerrt sich die Jacke über, verlässt das Haus und knallt die Tür hinter sich zu. Große Schneeflocken umtanzen sie, einige setzen sich auf ihr Gesicht und vermischen sich dort mit den Tränen. Sie eilt die Straße entlang, vorbei an schneebedeckten Lichterbäumen und Fenstern, in denen Sterne, Schwibbögen und Engel ihr heimeliges Licht verbreiten. Bald ist Weihnachten, das Fest der Geburt Jesu, das Fest der Freude. Aber nicht für sie. Den Blick starr in die Ferne gerichtet, drückt sie sich am Weihnachtsmarkt vorbei wie eine Ausgestoßene, die nichts mit den fröhlich schwatzenden Menschen gemein hat. Erst recht nicht will sie die Kinder sehen, Kinder auf Karussells, an Losbuden, an Ständen mit kandierten Früchten oder anderem Naschwerk.

Sie presst die Hände auf die Ohren, um das Gedudel der Weihnachtslieder und das Lachen der Kinder auszusperren, und hastet weiter, bis zum Stadtpark. Hier umfängt sie die Dämmerung, nur wenige Straßenlaternen verbreiten ihr milchiges Licht. Sie läuft bis zum Wäldchen, fasst sich an den Hals, ringt nach Luft, wankt zu einem Baum und lehnt sich erschöpft an dessen Stamm. Wieder steigt die Übelkeit in ihr auf, sie beugt sich nach vorn und erbricht sich.

Warum nur musste das passieren, warum gerade ihr? Immer hatte sie sich zurückgehalten, wollte warten, wollte einen Mann, der warten konnte. Eisern hatte sie an ihren Grundsätzen festgehalten bis zu jener verhängnisvollen Nacht. Ach, hätte sie sich doch nicht überreden lassen, auf diese Party zu gehen, hätte sie doch nicht so viel Alkohol getrunken, die Cocktails nicht gekostet, dieses undefinierbare Gebräu, das sie benebelt hatte, hätte sie ihn nur nicht so nah an sich herangelassen, so nah, viel zu nah …

Sie drückt ihre Fäuste an den Kopf und schluchzt: «Du dummes, dummes Ding, das hast du nun davon, so naiv kannst auch nur du sein! Den anderen Mädchen passiert so etwas nicht, natürlich nicht, die sind nicht so dumm, die haben Erfahrung, nehmen längst die Pille …»

Ihr Kopf schmerzt, die Gedanken drehen sich im Kreis. Wieder krampft sich ihr Magen zusammen, sie erbricht sich erneut, Tränen laufen ihr übers Gesicht. Erschöpft rappelt sie sich auf, wankt weiter, sie muss laufen, laufen, laufen, immer weiter laufen, immer weiter. Auf der Flucht vor sich selbst, auf der Flucht vor dem neuen Leben, dem ungewollten … Könnte sie doch die Zeit zurückdrehen! Könnte sie nur alles ungeschehen machen.

Ungeschehen machen?

Ein Gedanke setzt sich fest. Ein kurzer Eingriff nur, niemand muss davon erfahren. Die Mutter nicht. Der Vater nicht. Erst recht nicht der Vater des Kindes.

Des Kindes?

Ach was, es ist noch kein Kind, jetzt doch noch nicht!

Entschlossen verscheucht sie den Gedanken an das Ungeborene und eilt nach Hause.

Am Montag nach dem zweiten Advent sitzt sie der Ärztin gegenüber. Nur die Freundin weiß davon, die wird niemandem etwas verraten.

«Sie wollen das Kind also nicht behalten?», fragt die Ärztin.

Sie schaut zu Boden. Schüttelt den Kopf. Kind, dröhnt es in ihr. Kind. Sie schüttelt erneut den Kopf. Heftiger. Aber dieses Wort will nicht weichen. Will einfach nicht weichen.

«Wir müssen uns über die möglichen Komplikationen unterhalten», sagt die Ärztin.

Sie nickt. Lässt die Ärztin reden. Nicht hinhören. Einfach nicht hinhören. Es wird schon nichts schiefgehen. Kein Kind. Noch nicht. Später. Später irgendwann.

Am Montag nach dem vierten Advent ist sie bereit für den Eingriff. Ein kleiner Eingriff – danach wird sie Weihnachten feiern.

An der Eingangstür der Klinik stößt sie fast mit einer Frau zusammen, die ihr Baby in einem Tuch vor dem Bauch trägt.

«Entschuldigung», stößt Melanie hervor und lässt der Frau den Vortritt. Sucht die Anmeldung auf, wird aufgefordert, im Warteraum Platz zu nehmen und die Formulare auszufüllen. Die Frau mit dem Baby sitzt schon dort. Sie hat ihr Kind aus dem Tuch genommen und ist gerade dabei, ihm die Jacke auszuziehen.

Eine Schwester kommt zu der Frau und sagt: «Es tut mir leid, dass Sie warten müssen. Es wird noch eine Weile dauern.» Die Schwester streicht dem Kleinen mit einem Finger über die Wange und lächelt: «Wie heißt er denn?»

«Angelo», antwortet die Mutter.

«Oh, ein schöner Name», sagt die Schwester, verabschiedet sich und eilt davon.

Unsinn, denkt Melanie. Wer gibt seinem Kind einen solchen Namen?

Der Kleine beginnt zu weinen. Die Mutter steht auf und geht mit dem Kind hin und her. Dabei summt sie ein Weihnachtslied.

Melanie hat noch immer das Formular vor sich und verschreibt sich. Streicht. Bessert aus.

Die Mutter mit dem Kind setzt sich wieder. Sie schiebt ihren Pullover hoch und legt es an die Brust.

Verärgert beißt sich Melanie auf die Lippe. Muss die Frau gerade hier stillen? Ihr auf die Nerven fallen mit ihrem mütterlichen Getue? Sie bemüht sich, nicht hinzusehen. Doch ihre Ohren kann sie nicht verschließen. Überlaut bedrängen sie die schmatzenden Geräusche des Kindes. Durchdringen ihren Panzer, stoßen vor bis zum Unterbewusstsein, rufen Erinnerungen wach.

Sie sieht ihre Mutter vor sich, sie hat die kleine Schwester an der Brust. Spürt den liebevollen Blick der Mutter, hört ihre Stimme: «Du bist jetzt mein großes Mädchen, Mel. Ich habe dich genau so lieb wie immer, auch wenn ich jetzt sehr viel Zeit für deine kleine Schwester brauche. So wie die Kleine hast auch du bei mir getrunken.» Sie spürt die Hand der Mutter, die ihr über den Kopf streicht, ihre Worte, die sie liebkosen.

Was würde die Mutter sagen, wenn sie wüsste, was ihre Tochter vorhat?

Ärgerlich schiebt sie den Gedanken beiseite. Jetzt nur nicht schwach werden. Sie hat sich durch das Gespräch mit der Ärztin gekämpft, hat das Beratungsgespräch über sich ergehen lassen, hat sich allen Argumenten für das Kind verschlossen. Hat trotzig an ihrem Plan festgehalten. Jetzt also auf keinen Fall schwach werden.

Das Kind hat sich satt getrunken. Die Mutter nimmt es hoch, steht auf, legt sich das Baby auf die Schulter und klopft ihm sanft auf den Rücken. Beginnt wieder auf und ab zu gehen. Langsam schreitet sie auf Melanie zu, dreht sich um, läuft zurück.

Melanie hat sich schon wieder verschrieben. Alles nur wegen der Frau mit dem Kind!

Plötzlich bleiben ihre Augen an dem Kind hängen. Der Kleine schaut sie über die Schulter seiner Mutter an, mit einem Blick, dem sie nicht ausweichen kann. Was für große, unschuldige Augen, was für ein friedlicher Blick.

Als die Mutter sich umdreht, um in die andere Richtung zu laufen, reibt Melanie sich die Augen. Es ist, als hätte das Kind eine finstere Decke von ihrem Gesicht gezogen und mit seinem Blick das gefrorene Herz berührt.

Der Stift in ihrer Hand zittert, sie kann es kaum erwarten, bis die Mutter sich wieder umwendet. Erneut schaut sie in die Augen des Kindes. Ihre Lippen flüstern: «Angelo.»

Langsam steht sie auf und bringt die Papiere und den Stift zurück zur Anmeldung. Sie schaut die Schwester an und schüttelt den Kopf.

Die versteht – auch ohne Worte.

***

«Du hast es nicht getan?», fragt die Freundin am Abend.

Lächelnd schüttelt Melanie den Kopf. «Ich habe einen Engel gesehen. Und bald ist Weihnachten.»

Das Märchenbuch

Irene Korz

Diese Geschichte trug sich in den fünfziger Jahren zu. Anna, zwölf Jahre alt, wohnte mit ihrer Familie in einem kleinen Dorf in Thüringen, in dem die Adventszeit sehr gemütlich und geheimnisvoll begangen wurde, aber nicht mit solchem Aufwand an Dekoration und Lichterglanz wie heute. In den Familien gab es einen Adventskranz und einen Adventskalender. Lichter in den Fenstern oder am Haus waren noch nicht üblich und wohl auch zu teuer.

Anfang Dezember durfte Anna mit ihrer großen achtzehnjährigen Schwester in die Stadt fahren. Damals war das ein Ereignis, denn meistens fuhr man dort nur hin, wenn ein Arztbesuch fällig war. Diesmal sollte es ein vorweihnachtlicher Bummel werden, und so war die Freude groß. Die Mädchen fuhren mit dem Bus in die Stadt und begaben sich dort in die Haupteinkaufsstraßen. Festliche Beleuchtung wie heute gab es nur spärlich, aber allein die Auslagen in den Schaufenstern ließen ihre Augen leuchten und die Herzen höher schlagen.

Als die große Schwester in einem Geschäft verschwand, musste Anna draußen warten. Schließlich kam die Schwester mit einem hübsch verpackten Päckchen wieder heraus und ließ es schnell in ihrer Tasche verschwinden. Anna ahnte – oder hoffte –, dass es vielleicht ein Geschenk für sie war.

Es ging dann weiter die Straßen hoch und runter, bis die große Schwester auf einmal wie elektrisiert stehen blieb. Da prangte ein Filmplakat mit der Aufschrift: *Heute letzte Vorstellung von «Sie tanzte nur einen Sommer».* Anna erinnerte sich: Der Film war bereits im Frühjahr in den Kinos gelaufen, doch durfte die große Schwester da noch nicht hinein, weil der Film erst ab achtzehn Jahren zugelassen war. So war für die Schwester heute die letzte Gelegenheit, den Film zu sehen. Anna konnte förmlich die Gedanken der Großen lesen: Wohin mit der kleinen Schwester? Mitgehen konnte sie ja nicht, und Verwandte oder Bekannte in der Stadt, bei denen man sie unterbringen konnte, gab es auch nicht. Nun drängte der großen Schwester offensichtlich die Zeit und sie fasste einen Entschluss. Die Schwester lotste sie zu einem Café in der Nähe des Kinos, suchte einen Fensterplatz, von dem aus man die Straße gut sehen konnte, und bestellte Kakao und Kuchen. Zudem schärfte sie Anna ein: «Hier bleibst du sitzen, bis ich wiederkomme!» Anna sah die Große das Päckchen aus ihrer Tasche hervorkramen, das sie zuvor gekauft hatte, beobachtete, wie die Schwester die Verpackung aufriss und ein Märchenbuch zum Vorschein kam.

«So», sagte die große Schwester, «damit dir die Zeit nicht so lang wird, kannst du ein bisschen darin lesen.» Und schon verschwand sie in Richtung Kino.

Anna freute sich über das Märchenbuch, denn sie war eine richtige Leseratte, aber sie ahnte natürlich, dass sie dieses Buch eigentlich erst zu Weihnachten bekommen sollte. Sie aß ihren Kuchen, trank den Kakao und las in dem Märchenbuch. Ab und zu spähte sie auf die Straße, ob denn die Schwester nicht bald wiederauftauchte.

Die Bedienung fragte mehrmals, ob sie noch etwas möchte, aber Anna traute sich nicht zu bestellen, da sie kein Geld dabei hatte und mit den Gepflogenheiten des Bezahlens als Landei nicht vertraut war. Als ihr schließlich die Zeit doch zu lang wurde, ging sie ab und zu zur Tür und schaute hinaus. Dabei wunderte sie sich, dass die Bedienung jedes Mal hinter ihr herkam. Anna wusste ja nicht, dass Kakao und Kuchen noch nicht bezahlt waren.

Nach zwei Stunden endlich tauchte die Schwester wieder auf, augenscheinlich glücklich, den Film gesehen zu haben, und wohl auch froh darüber, dass die kleine Schwester noch wohlbehalten an ihrem Platz saß. Die Zeche wurde beglichen, und nun ging es eiligen Schrittes zum Bus. Unterwegs wurde Anna eingeschärft, zu Hause ja nicht zu verraten, dass die große Schwester im Kino war, sonst durfte sie nie wieder mit der Großen in die Stadt fahren. Zu Hause angekommen erzählten die Schwestern, flunkerten notgedrungen auch ein bisschen, verrieten aber nichts.

Das Märchenbuch lag am Weihnachtsabend wieder schön verpackt unterm Baum, und Anna musste sich auch noch darüber freuen.

Erst lange, lange Zeit später erzählte Anna der Mutter, wie sie diesen Nachmittag in der Stadt verbracht hatte. Schimpfen lohnte nun sowieso nicht mehr, die Mutter sagte nur zur großen Schwester: «Sui en Bäst» – Eichfelder Platt für «So ein Biest».

Anna, inzwischen über siebzig Jahre alt, besitzt das Buch noch heute und gibt ihre Liebe zu Märchen weiter an ihre Enkel.

Der Besuch

Uwe Pohl

Das kleine Haus lag im Osten der Insel. Es duckte sich in die Dünen, sodass nur sein reetgedecktes Dach vorwitzig herausschaute. Nach Friesenart war es aus rotbraunen Klinkern gebaut und mit Fachwerk versehen. Die Türen und Fensterrahmen waren grün gestrichen und sämtliche Fenster mit Fensterläden bestückt, die die gleiche Farbe hatten. Ein kleiner Stall aus den gleichen Materialien war an das Haus angebaut.

Während in dem Friesenhaus Tomke und ihr Ehemann Amandus zu Hause waren, wohnte im Stall die Milchkuh Hermine. Sie war braun, hatte ebensolche Augen und versorgte die beiden Hausbewohner mit Milch. Im Sommer stand sie mit anderen Kühen zusammen auf einer Weide, die zwar der Gemeinde gehörte, aber Hermine durfte, weil Amandus den Bürgermeister gut kannte, dort ohne entsprechendes Entgelt weiden. Aber jetzt im Winter, im Dezember, stand sie im warmen, behaglichen Stall.

Tomke hatte vor einigen Jahren den Beruf der Landwirtin erlernt und machte aus Hermines Milch Köstlichkeiten, die die Touristen, die im Sommer, aber auch während der kalten Jahreszeit die Insel bevölkerten, begeistert verzehrten. Sie belieferte die Läden der Insel mit Quark, Joghurt und Dickmilch, mit Früchten und ohne. Da auf der Insel ganzjähriger Kurbetrieb war, fanden diese Produkte reißenden Absatz. Amandus – ja, was war er eigentlich von Beruf? Schriftsteller, Liedermacher, Verkäufer, Fahrer oder Sales Manager? Auf seinen Visitenkarten, die er ab und zu verteilte, stand Musiker, denn im Sommer gab er häufig draußen oder im Kursaal Konzerte. Zusammen mit zwei Mitstreitern machte er irische und schottische Musik. Und Kurzgeschichten schrieb er auch.

Als Tomke und Amandus eines Morgens beim Frühstück saßen, schaute Amandus besorgt aus dem Fenster.

«Da braut sich was zusammen», sagte er, «schau dir mal den Himmel an. Man gut, dass wir keine Weihnachtsgäste haben.»

Es war der 23. Dezember, und die zwei Gäste, die für die Weihnachtstage bei ihnen Zimmer gebucht hatten, hatten aus familiären Gründen kurzfristig abgesagt.

«Ja, da hast du recht», antwortete Tomke, «das sieht nicht gut aus draußen.»

Und wie um das zu bestätigen, heulte plötzlich eine Windbö um das Haus und warf feinen Hagel gegen die Fensterscheiben.

«Ich mache nachher zur Westseite die Fensterläden zu», sagte Tomke besorgt. «Nicht dass sie sich noch losreißen. Weißt du noch? Beim letzten Sturm ist das passiert.»

Beim ersten Frühjahrssturm in diesem Jahr hatte ein heftiger Nordweststurm einige Fensterläden abgerissen und dann die Scheiben eingedrückt. Amandus hatte alle eingeschlagenen Fenster mit Brettern vernageln müssen. Die Fenster zu erneuern, hatte damals viel Geld gekostet und fast das ganze Ersparte geschluckt.

Nach dem Frühstück ging Tomke ins Obergeschoss und

schloss dort die Fensterläden. Hier oben war gut zu hören, dass der Wind sich zu einem Sturm ausgewachsen hatte. Wenn sie auf der Treppe stehen blieb, hörte sie, wie das Gebälk des alten Dachstuhls ächzte und stöhnte. Sie stieg die knarrende Holztreppe weiter ins Dachgeschoss hoch. Diese Etage hatten sie nicht ausgebaut, weil sie den Raum nicht brauchten. Inzwischen hatte sich hier viel Gerümpel angesammelt, aber da sie beide alte Dinge nicht gerne wegwarfen, blieben sie eben liegen.

Ein kleines Dachfenster, welches zur Nordseite hinausging, warf ein dämmeriges Licht auf die Kisten, Kästen, Fahrräder, alten Kissen und ein altes, verstimmtes Cello. Vom Dachfenster aus konnte sie über die Dünen hinweg schauen, auf den Strand und auf die aufgewühlte See. Tomke erschrak. Es sah schlimm aus. Der Sturm kam aus Nordwest und hatte die fast pechschwarze See in ein wildes Tohuwabohu verwandelt. Weiße Schaumkronen rollten auf den Strand zu. Wenn eine heftige Bö sie erfasste, wurde der weiße Schaum in Milliarden von Tröpfchen zerfetzt.

Der Strand war menschenleer. Menschenleer? Tomke kniff die Augen zusammen. Da kam doch ein Mensch den Strand entlang, kämpfte sich durch den peitschenden, nassen Wind genau auf ihr Haus zu. Er musste den Giebel des Hauses, der über die Dünen ragte, gesehen haben.

«Amandus!», rief sie nach unten, «wir kriegen Besuch. Da ist jemand am Strand und kommt zu uns her. Frag mal, was der will.»

Amandus rief irgendetwas Unverständliches zurück, dann klopfte es schon. Im Eiltempo lief Tomke die Treppe nach unten.

Amandus hatte schon die Tür geöffnet, und der Durchzug ließ den Sturm durch das Haus heulen. Schnell ließ Amandus den Besuch ein und drückte die Tür mit Mühe wieder zu.

«Entschuldigen Sie.» Es war ein älterer Mann mit buschigen Augenbrauen und einer grauen Haarmähne, die von einer roten Mütze notdürftig zusammengehalten wurde. «Ich will Sie nicht stören, aber das Wetter ist so schlecht geworden, ich kann nicht am Strand bleiben. Ich wollte Sie fragen, ob ich mich bei Ihnen ein wenig ausruhen kann.» Leise lachend fügte er hinzu: «Ich bin ja auch nicht mehr der Jüngste.»

«Aber gerne», sagte Tomke und schaute Amandus fragend an, der bereits nickte. «Sie können sogar ein Zimmer haben. Auch über Weihnachten. Zwei Gäste haben abgesagt, deswegen haben wir noch Platz.»

«Das ist nett von Ihnen», sagte der Bärtige schwer atmend. «Eigentlich wollte ich zum neuen Fähranleger, aber ich bin total erledigt. Durch den Sand zu stapfen, gegen den Sturm, das ist nichts mehr für einen alten Mann.»

Tomke nahm ihn behutsam beim Arm, führte ihn in das behagliche Wohnzimmer und bedeutete ihm, sich zu setzen. Das tat er auch und streckte seine Beine, nachdem er die Fellstiefel ausgezogen hatte, lang aus.

«Oh, das tut gut», rief er und legte den Kopf in den Nacken.

Nachdem Tomke ihm einen Becher ihres Wintergetränks aus heißem Kakao, Rum und einem Berg Sahne gebracht hatte, konnte sie ihre Neugier nicht länger zügeln. Na ja, neugierig war sie nicht, aber sie wollte schon wissen, wer da an ihre Tür geklopft hatte. Einen Tag vor Weihnachten und bei dem Wetter.

Als wenn der Sturm sich in diesem Moment wieder bemerkbar machen wollte, rüttelte er kräftig an dem kleinen

Haus. In der Küche klirrten Gläser und Geschirr, und irgendwo krachte etwas.

«Oha, der hat es aber in sich!», sagte der bärtige Alte und zeigte nach draußen. «Und jetzt wollen Sie sicher wissen, mit wem Sie es zu tun haben. Wenn ich Ihnen sage, dass ich der Weihnachtsmann bin, werden Sie sicherlich lachen, oder?»

Tomke schüttelte den Kopf, im Innersten hatte sie ihre Kindlichkeit bewahrt. Und ihr Amandus war Künstler, er hatte viel Phantasie, also schüttelte er auch den Kopf.

«Nein, nein», lächelte Tomke den Bärtigen an, «wir können uns das schon vorstellen. Aber wenn Sie der Weihnachtsmann sind, wo haben Sie Ihr Rentier?»

«Das steht hier auf der Insel. Direkt am alten Ostanleger, wenn Sie wissen, wo das ist.» Tomke wusste natürlich genau, wo das war, und bedauerte das arme Tier, was sie dem Bärtigen auch sagte. Und dann noch bei dem Wetter. Ganz allein. Am Ostanleger.

«Da machen Sie sich mal keine Sorgen. Das Rentier kennt das und es macht ihm nichts aus, das können Sie mir glauben. Alle Welt will immer wissen, wie es dem Tier geht. Überall und auf jedem Weihnachtsmarkt werde ich danach gefragt. Aber wie es mir geht, fragt keiner. Wissen Sie was? Ich streike. Ist doch alles Kommerz. Schon im September Weihnachtswerbung. Und in den Kaufhäusern alles voll mit Doppelgängern. Mehr oder weniger schlechte.» Er tippte an seine rote Nase. «Die hab ich wirklich voll. Die Geschenke werden immer größer und schwerer. Und meinen Sie, die Kinder, die ich bescheren will, kennen ein Gedicht? Ein Weihnachtslied? Da wird erst gegoogelt! Basteln oder irgendetwas anderes können sie auch nicht.»

Der Weihnachtsmann war jetzt richtig in Fahrt. «Es geht

nur um Smartphones, Tablets und Rechner. Wie war das früher schön, als Menschen sich Bücher, Spielzeug und Süßigkeiten wünschten. Die Erwachsenen sind auch nicht viel besser, können Sie mir glauben. Ich streike. Ich streike wirklich. Meinetwegen könnte Weihnachten ausfallen, wenn da nicht die Sache mit der Geburt wäre.»

«Geburt? Was für eine Geburt?», fragten Amandus und Tomke wie aus einem Mund.

«Sehen Sie, nicht einmal Sie kennen den Grund. Die Geburt Christi wird gefeiert.»

So langsam schien er wütend zu werden, und Tomke versuchte gegenzusteuern: «Das wissen wir natürlich, keine Frage.»

Tomke war richtig geschockt und, wie sie sah, Amandus auch. Der Weihnachtsmann wollte streiken! Kein Weihnachtsfest? Keine Bescherung? Keinen Weihnachtsbaum? Obwohl, der war ja eigentlich heidnischen Ursprungs, wie sie mal gelesen hatte. Aber trotzdem.

«Überlegen Sie sich das doch noch mal, das können Sie den Kindern doch nicht antun.» Amandus hatte inzwischen Nachschub vom Wintergetränk aus der Küche geholt, den Anteil des Rums ein wenig erhöht und Spekulatius und andere Kekse auf den Tisch gestellt. Er zündete das Holz im Kamin an, und langsam wurden die Wangen der drei ein wenig rötlicher.

Der Weihnachtsmann langte bei den Keksen ordentlich zu, er hatte wohl den ganzen Tag noch nichts gegessen, und das einzige Café auf der Strecke vom Ostanleger bis hier hatte geschlossen.

Noch einmal versuchte Tomke, den alten Mann zu überreden, wie bisher weiterzumachen. Fast hatte sie ihn so weit, da schlief er im Sessel ein. Es war schon spät geworden. Zusammen mit Amandus legte sie ihm die Beine hoch und deckte ihn warm zu. Dann gingen sie und Amandus nach oben und legten sich schlafen. Kurz vor dem Einschlafen fiel Tomke ein, dass Amandus vergessen hatte, ihren Weihnachtsbaum hereinzuholen, aber jetzt hatte er sicherlich keine Lust mehr, noch einmal aufzustehen.

Als Tomke am nächsten Morgen aufwachte, es war der 24. Dezember, war alles seltsam ruhig. Draußen hatte der Sturm sich gelegt und war zu einem Lüftchen geworden. Allerdings regnete es in Strömen. Sie schaute missmutig aus dem Fenster. Und das am Heiligen Abend, dachte sie. Früher, als sie Kind war, schneite es Weihnachten immer. Oder vielleicht doch nicht?

Sie weckte Amandus, der immer noch fest schlief.

«Du musst den Weihnachtsbaum noch reinholen, sonst ist er nachher zu nass», flüsterte sie.

Amandus murmelte etwas vor sich hin, machte aber keine Anstalten, aufzustehen. Warum auch, dachte er wohl. Er musste nur noch den Baum schmücken und sie den Braten fertigmachen. Also keine Eile. Aber er stand dann doch auf, tappte nach der Morgentoilette die Treppe hinunter in die Küche, aus der es immer noch nach Kakao mit Rum roch.

Wenig später rief Amandus zu ihr herauf, er hatte wohl einen Zettel auf dem Küchentisch gefunden. Sie kam hinunter in die Küche und las ganz gerührt:

Vielen Dank, ihr beiden,
ich kann euch wirklich sehr gut leiden.
Als ich erschöpft zu euch gekommen,
habt ihr mich so freundlich aufgenommen.
Der ganze Abend hat mich sehr bewegt
und da hab ich überlegt,

als ich verließ heut' Morgen euer Haus:
Weihnachten fällt doch nicht aus.
Alles Gute – euer Weihnachtsmann.

PS: Wenn ihr vielleicht daran denkt, das Rezept für den Kakao möchte ich sehr gern haben. Ihr könnt es ja am 6. Dezember nächsten Jahres dem Nikolaus mitgeben. Der leitet es dann an mich weiter. Danke!

Sie und Amandus gingen ins Wohnzimmer und blieben erstaunt in der Tür stehen: Vor dem großen Fenster stand der Weihnachtsbaum. Genau der, den Amandus vorgestern gekauft hatte. Aber auf wundersame Weise war er schon fertig geschmückt. Es glitzerte und blinkte, rote und goldene Kugeln hingen an ihm und goldfarbene Kerzen, mindestens zwei Dutzend, vervollständigten das prächtige Bild.

«Amandus …», sagte Tomke ganz perplex.

«Tomke …», sagte Amandus, während er weiter auf den Baum sah.

«Hast du so etwas Schönes schon gesehen?», sagten beide zugleich.

Und als sie unter den Baum sahen, lagen dort zwei Päckchen. Vorsichtig öffneten sie die Geschenke. In jedem lagen jeweils ein Paar Handschuhe und Batterien. Amandus nahm sogleich die beigelegte Betriebsanleitung zur Hand. Die Handschuhe waren beheizbar, und auf der Rückseite der Anleitung hatte der Weihnachtsmann einen Vermerk hinterlassen:

Eure Kuh Hermine hat sich heute Morgen bei mir beschwert. Ihr hättet im Winter beim Melken immer so kalte Hände. Ich hoffe, ich kann damit Abhilfe schaffen.

Tomke und Amandus schauten sich an und prusteten los, und als sie sich an den Händen fassten, waren die tatsächlich kalt. Sie probierten die Handschuhe gleich aus, und Tomke hatte das Gefühl, dass Hermine irgendwie glücklich aussah. Amandus hatte wohl den gleichen Eindruck.

Der Heilige Abend war harmonisch und gemütlich, und nach dem Essen – Tomke hatte sich wieder selbst übertroffen – hörten sie sogar, weil der Wind günstig stand, die Kirchenglocken, die zum abendlichen Gottesdienst riefen.

Da der Regen und der Wind ganz aufgehört hatten, fassten Tomke und Amandus den Entschluss, um Mitternacht zur Kirche zu gehen. Sie gingen am Strand entlang, hörten das Meer rauschen, sahen in der Dunkelheit die immer noch anrollenden weißen Wellenkämme. Und wenn das Meer eine kurze Zeit in Stille verharrte, hörten sie, wie von ganz ferne jemand «Ho, ho, ho!» rief. Still blieben beide vor dem Kircheneingang stehen. Eine Sternschnuppe sauste sprühend über den Himmel.

«Frohe Weihnachten, Tomke.»

«Frohe Weihnachten, Amandus.»

In diesem Moment setzte die Orgel in der Kirche ein, und sie gingen beide hinein.

Adventsfeier

Christel Kehl-Kochanek

Als der Briefkasten klapperte, nahm Frau Mertens den Schlüssel vom Haken, um zu sehen, was er heute für sie geschluckt hatte. Warum nur schaute sie jeden Tag aufs Neue so erwartungsvoll in seinen Schlund? Dieser schwarze Kasten spuckte doch grundsätzlich nur Reklame aus, Reklame, Reklame und noch mal Reklame, manchmal einen von diesen langen amtlichen Briefen, die sie immer wieder in helle Aufregung versetzten, weil ihnen nie zu entnehmen war, wie und womit sie, die «sehr geehrte Frau Mertens», darauf zu reagieren hatte. Jetzt vor Weihnachten aber musste ihr Briefkasten seine Klappe auch noch für Einladungen zu den alle Jahre wieder üblichen Seniorenadventsfeiern öffnen. Die SPD hatte ins Rathaus eingeladen, der Bürgerverein in die große Aula, die Firma Christkindelmarkt in die Gaststätte Kranz und heute nun die Kirchengemeinde in den Gemeindesaal.

Julius und sie waren nie zu solchen Veranstaltungen gegangen. Die Kirche kannten sie nur von außen und den Gemeindebrief, der vierteljährlich im Kasten steckte, betrachteten sie als Reklame. Daher verschwand auch er ungelesen im Papierkorb.

Erst bei Julius' Beerdigung vor drei Jahren hatte sie den

Pfarrer kennengelernt. Ein junger Mann, der ihr lange zugehört hatte. Sie hatte ihm von den schweren Wochen erzählen können, in denen Julius schwächer und schwächer geworden war, von seinen Schmerzen, ihrer Angst, Not und Einsamkeit. Er hatte sie verstanden und am Grab so von Julius erzählt, als hätte er ihn gekannt. Beim Abschied hatte er sie aufgefordert, zum Seniorenkaffee oder in die Frauenrunde zu kommen, und ihr Hilfe angeboten. «Melden Sie sich, Frau Mertens, kommen Sie vorbei! Wir versuchen zu helfen, wo immer es geht.»

Sie schaute auf den Kalender. Nächste Woche Donnerstag war sie um zehn Uhr beim Friseur angemeldet. Nun ja, das traf sich ganz gut, da könnte sie ja am Nachmittag …

Und so stand Frau Mertens am Donnerstagnachmittag vor ihrem Kleiderschrank und überlegte, was man denn zu einer Adventsfeier in der Kirche anziehen könnte. Sie entschied sich schließlich für den schwarzen Rock und die goldfarbene Weihnachtsbluse.

Als sie auf dem Kirchvorplatz die vielen fröhlich schwatzenden Menschen sah, wollte sie umkehren. Hier gehörte sie doch gar nicht hin! Aber dann sah der Herr Pfarrer sie und schien sich wirklich über ihr Kommen zu freuen. Er begleitete sie in den Saal und bot ihr einen Platz an dem Tisch gleich neben der Türe an. Ob er wusste, dass sie Fluchtgedanken hatte? Ihre Tischnachbarin hieß Frau Bruns, sagte er ihr noch, und sie wohnte genau wie sie in der Blumenstraße. Dann aber verschwand er ebenso plötzlich, wie er aufgetaucht war, und ließ sie allein. Frau Bruns und sie wechselten ein höfliches Lächeln. Das anschließende peinliche Schweigen versuchte sie mit angestrengter Betrachtung der vorweihnachtlichen Dekoration zu überbrücken. Rot gedeckte Tische mit Kerzen, die in goldenen, selbst gebastelten Haltern steckten. Dazu Tannengrün mit kleinen Strohsternen. Die Servietten auf den Tellern passend dazu: rote Blätter von Weihnachtssternen auf grünem Grund. An der Decke hing ein großer Adventskranz und vorne auf der kleinen Bühne stand eine bauchige irdene Bodenvase mit Tannengrün und Foliensternen. Oh ja, man hatte sich wirklich Mühe gemacht.

Der Saal füllte sich mehr und mehr. Das Stimmengewirr um sie herum wurde unerträglich. Neben Frau Bruns saß inzwischen eine Dame, für die sie offensichtlich einen Stuhl freigehalten hatte. Für sie war damit das peinliche Schweigen beendet. War in dem ganzen Saal überhaupt sonst noch jemand, der stumm auf einem Platz saß, der ihm eigentlich gar nicht gehörte? – Nein, sie hielt es hier jedenfalls nicht länger aus. Frau Mertens schaute sich suchend um. Der Herr Pfarrer war nirgends zu sehen. Sie konnte es wagen. Kurz entschlossen erhob sie sich und verließ fluchtartig den Raum mit den vielen fremden Menschen.

Draußen atmete sie auf. Sie musste jetzt unbedingt zu Julius. Der Weg von hier zum Friedhof war weit, aber mit ihrem Stock würde sie es schon schaffen.

Lange stand sie am Grab, bevor endlich die Tränen kamen. «Ich bin so alleine, Julius. Ohne dich bin ich so schrecklich allein!»

Dann spürte sie, dass ihre Beine sie nicht mehr trugen. Sie musste ausruhen. Am Ende des Weges stand eine Bank. Obwohl da schon eine Frau saß, ließ Frau Mertens sich erschöpft nieder. Die Frau weinte. Ohne über das, was sie tat, nachzudenken, legte Frau Mertens ihre Hand auf die der fremden Frau. Die schaute auf und lächelte sie nach einer Weile zaghaft unter Tränen an. Frau Mertens lächelte zurück.

Stille Nacht

Anja Puhane

«Mama, ich kann nicht schlafen.»

Meine kleine Tochter stand vor der Wohnzimmertür, die ich einen Spalt weit geöffnet hatte, und sah mich hilflos an. Nun, bei dem Lärm aus der Wohnung über uns hätte ich auch keinen Mittagsschlaf halten können. Andererseits brauchte ich die Zeit dringend für die letzten Weihnachtsvorbereitungen. Ich schob Maja vor mir her in ihr Kinderzimmer. Dann griff ich quasi zum Äußersten, setzte ihr meine großen Kopfhörer auf und legte eine Märchen-CD ein.

Im Wohnzimmer wartete der Baum noch so windschief auf mich, wie ich ihn verlassen hatte. Ich hätte mindestens drei Arme gebraucht, um ihn einigermaßen gerade in die Halterung zu bekommen. Diese Tanne war ohnehin viel zu groß für den Raum. Früher oder später würde sie auf irgendetwas drauffallen, wenn ich sie nicht vernünftig in den Ständer bekäme. Aber Harald, mein Ex, hatte anscheinend Angst, dass seine Tochter durch einen zu kleinen Weihnachtsbaum schwer traumatisiert würde, und hatte mir dieses Monstrum liefern lassen. Während ich grübelte, klingelte das Telefon.

«Frohes Fest! Hier ist Ihre Agentur für das perfekte Fest», meldete sich ein junger Mann und plapperte sofort weiter:

«Leider muss ich Ihnen mitteilen, dass der gebuchte Weihnachtsmann krankheitsbedingt ausgefallen ist und wir kurzfristig keinen Ersatz stellen können. Das Geld bekommen Sie selbstverständlich zurück. Alternativ kann ich Ihnen einen lustigen Clown für Ihre Karnevalsparty anbieten.»

«Möchte ich nicht», sagte ich kurz und legte ohne ein weiteres Wort auf. Schöne Bescherung. Zur Untermalung war die Musik aus dem Stockwerk über mir noch lauter und dissonanter geworden. Jetzt reicht es, dachte ich, und ging hoch zum Nachbarn.

«Sind Sie eigentlich total bescheuert?», schleuderte ich dem Typen entgegen, der mir die Tür öffnete. Er sah mich irritiert an. «Stellen Sie endlich diesen Lärm aus, es ist Weihnachten!»

«Ähm, ich dachte, das Haus sei leer, normalerweise sind Heiligabend immer alle ausgeflogen.» Er fuhr sich mit einer Hand durch die zerzausten Haare, während er mit der anderen Hand versuchte, das zerknitterte T-Shirt gerade zu zupfen. «Kommen Sie erst mal rein.»

Widerwillig folgte ich ihm ins Wohnzimmer. Hatte ich mir doch gedacht! Riesige Boxen, die wie zwei Empire State Buildings eine teuer aussehende Hifi-Anlage einrahmten. Mehrere Regale mit CDs, ein Couchtisch, eine Ledercouch, eine alte Nussbaumanrichte. Das war's.

Er drehte die Anlage leiser. «Also, was ist Ihr Problem?»

«Meine Tochter kann bei dem Krach keinen Mittagsschlaf halten, der blöde Baum bleibt nicht in seinem Ständer und der bekloppte Weihnachtsmann ist krank. Noch Fragen?»

Er grinste unverschämt. «Und mit dem Weltfrieden hat es auch wieder nicht geklappt, oder was?»

«Drehen Sie wenigstens die Musik nicht wieder auf, das

würde schon helfen!», keifte ich und drehte mich um. Im Treppenhaus kurz vor meiner Tür hatte er mich wieder eingeholt.

«Ich helfe Ihnen mit dem Baum, bevor Sie Ihrer ganzen Familie das Fest mit Ihrer Laune versauen.»

Wortlos ließ ich zu, dass er mir in die Wohnung folgte, während ich mit den Tränen kämpfte. Familienweihnacht. Ich hatte mir so eine Mühe gegeben. Zwar würde es heute nur Würstchen und Kartoffelsalat geben, aber ich hatte doch gehofft, mit Maja, meinen Eltern und dem Weihnachtsmann ein schönes Fest gestalten zu können. Mit dem, was Harald und seine Neue morgen auffahren würden, konnte ich ohnehin nicht mithalten.

Wenigstens gelang es uns jetzt gemeinsam, in null Komma nichts die störrische Nordmanntanne zu bändigen.

«Danke», stammelte ich. «Wenn Sie mir jetzt noch sagen, woher ich einen Weihnachtsmann bekomme, bin ich Ihnen ewig dankbar.»

Mein Nachbar grinste.

Drei Stunden später – meine Eltern, Maja und ich hatten gerade vor dem Baum *Stille Nacht* geträllert – klopfte es laut und vernehmlich an die Tür.

«Wer ist das wohl?», sagte ich, während ich zur Tür ging. Maja machte große Augen.

«Ho, ho, ho!», sagte der Weihnachtsmann beim Hereinkommen ins Wohnzimmer. «Warst du denn auch brav?»

Die Kleine nickte eifrig, während der Mann im roten Kostüm in sein Buch blickte und die Stirn in Falten zog.

«Nun, hier steht, dass du abends nicht ins Bett willst und dein Zimmer immer wie eine Räuberhöhle aussieht. Aber du hast ganz fleißig beim Plätzchenbacken geholfen und deckst am Wochenende immer den Frühstückstisch. Na, das hört sich doch gut an. Ich denke, du hast ein großes Geschenk verdient.»

Meine Süße nickte eifrig und strahlte.

«Oh, da sind ja noch mehr Geschenke im Sack», fuhr der Weihnachtsmann fort. «Wen haben wir denn da noch? Karl-Heinz …»

Mein Vater zuckte leicht zusammen.

«Du räumst nach fünfunddreißig Jahren deine Socken immer noch nicht in den Wäschekorb. Ansonsten scheinst du aber ein guter Mann zu sein.»

Erleichtert nahm der Angesprochene sein Geschenk entgegen.

«Ilse, du hast dieses Jahr nicht ganz so viele Schuhe gekauft, aber die Taschen … Hm, vielleicht hilft das ja …»

Ein irgendwie taschenförmiges Paket wurde von meiner Mutter nahezu gierig entgegengenommen.

«Anna, was mache ich denn mit dir?»

Ich war irritiert. Für mich hatte ich natürlich kein Geschenk in den Sack gesteckt.

«Tja, du bist manchmal sehr streng mit der kleinen Maja. Und so unentspannt.»

Was nahm der unverschämte Kerl sich denn raus?

«Aber da Weihnachten ist und du dich ja bessern möchtest, sollst auch du ein Geschenk bekommen.»

Na, großartig. Widerstrebend nahm ich das eindeutig flaschenförmige Präsent entgegen. Wollte er mich etwa einlullen, damit er seine Boxen noch lauter drehen konnte?

Nachdem alle ihre Geschenke ausgepackt und wir ein weiteres Weihnachtslied schräg und schief zum Besten gegeben hatten, machte der Weihnachtsmann immer noch keine Anstalten, uns zu verlassen.

«Du hast doch bestimmt auch Hunger? Willst du nicht

mit uns Würstchen und Kartoffelsalat essen, lieber Weihnachtsmann?», fragte Maja.

«Nein, der Weihnachtsmann muss noch zu den anderen Kindern. Ich glaube, die Rentiere scharren schon mit den Hufen», antwortete ich schnell.

«Ach nein, das war heute das letzte Haus, in das ich Geschenke gebracht habe. Und Würstchen und Kartoffelsalat habe ich schon lange nicht mehr gegessen. Dabei ist das mein Leibgericht», ließ sich der Weihnachtsmann laut vernehmen.

Na super, wir saßen also gemeinsam mit dem Weihnachtsmann um den Tisch und mampften mein einfaches Festmenü. Wenigstens fiel der gute Mann nicht aus der Rolle. Tatsächlich unterhielten wir uns alle ganz gut, meine Eltern erzählten von den Weihnachtsfesten ihrer Kindheit, und Santa Claus steuerte ein paar Rentieranekdoten bei, die Majas Augen strahlen ließen.

Dennoch war ich erleichtert, als mein Weihnachtsmann-Nachbar sich endlich verabschiedete. Gleichzeitig brachen auch meine Eltern auf. Es war ohnehin Zeit, die Kleine ins Bett zu bringen.

Als ich ihre Zimmertür leise hinter mir schloss, merkte ich erst, wie müde ich war. Die Vorbereitungen und die Aufregung rund ums Fest waren doch ziemlich viel gewesen. Aber etwas war da noch. Leise öffnete ich die Wohnungstür und schlich in die obere Etage. Als ich die Hand hob, um an die Tür zu klopfen, merkte ich meinen eigenen nervösen Herzschlag. Fast hätte ich mich wieder umgedreht. Ich pochte ganz zaghaft an die Tür, es war ein Wunder, dass er mich überhaupt hörte. Dann stand er im Türrahmen, im Gesicht noch Reste vom Wattebart, die Haare zerzaust, das T-Shirt zerknittert und der Blick überrascht.

«Ich …» Mich verließ der Mut.

«Ja?»

Ich räusperte mich.

«Ich möchte mich gerne bedanken. Ich habe jetzt gar kein Geschenk für Sie, aber wenn ich mich mal revanchieren kann, oder ich hole das mit dem Geschenk nach … oder so.»

Er lächelte. «Kein Thema, ich hatte ja sowieso nichts Besseres vor. Und der Kartoffelsalat war echt klasse!»

Jetzt grinste ich. Und dann stellte ich mich auf die Zehenspitzen, drückte ihm einen Kuss auf die Wange, drehte mich um und raste die Treppe hinunter. Als ich die eigene Tür hinter mir schloss, grinste ich noch immer, und mein Herz klopfte so laut, dass ich befürchtete, das ganze Haus aufzuwecken.

Der aufgeweckte Hans Muff

Josef Marx

Es war früh dunkel geworden. Die Laternen auf den Straßen sandten nur spärliches Licht aus, das die Häuserzeilen kaum erhellte. Eisige Kälte breitete sich um die Häuser aus. Schnee fiel stundenlang wie weißes Pulver vom Himmel und legte einen dichten Teppich auf die Dächer und Bürgersteige, als wolle er sie vor dem durchdringenden Frost schützen. Niemand zog es bei diesem Wetter freiwillig vor die Tür. Es war Nikolausabend.

Nur zwei Gestalten stapften durch den tiefen Schnee, der bis über die Stiefel reichte, ein größerer und ein kleinerer Kerl. Der Große trug einen Krummstab in der Hand, auf dem Kopf eine rote Mitra und unter dem Arm ein goldenes Buch. Der Kleinere, schwarz angezogen, mit wildem Haar, trug mit heraushängender Zunge einen abgeschabten Sack, aus dem Glieder einer Kette baumelten, auf dem Rücken. Seine schwarze Hand umklammerte eine lange Rute.

Sie kamen nur langsam, Meter für Meter, im verwehten Schnee voran. Sie klopften hier an eine Scheibe, läuteten dort an einer Haustür, hinter der sie wie in einem schwarzen Loch verschwanden.

Überall waren sie gerne gesehen, fieberten die Kinder doch stundenlang dem Besuch des heiligen Mannes entgegen.

Wegen der ungeplanten Besuche, die nicht auf ihrem Zettel standen, war es spät geworden. Dem Nikolaus sah man an, dass er müde war, und sein Begleiter Hans Muff konnte im ansteigenden Schnee kaum noch die Beine heben.

«Ich mache das nicht mehr mit», murrte Hans Muff.

«Nur noch ein Besuch», warf der Nikolaus ein.

«Ich kann nicht mehr, ich streike», maulte Hans Muff erneut.

«Bitte, die eine Familie noch», kam es bettelnd vom Nikolaus.

«Noch und noch und noch eine Familie. So geht das schon den ganzen Abend. Das steht nicht in meinem Tarifvertrag», meckerte Hans Muff.

«Wir können uns am Nikolaustag nicht einfach davonstehlen. Denk an die Kinder. Nach dieser letzten Familie machen wir Feierabend. Versprochen!», versuchte Nikolaus ihn zu beruhigen.

«Mehr ist im Sack auch nicht drin», grummelte Hans Muff.

Als die beiden ins nächste und letzte Haus kamen, saßen die Kinder erwartungsvoll und brav nebeneinander auf einer Bank hinter dem Tisch. Sie sangen Nikolauslieder, sprachen dazwischen kleine Gebete und hofften, dass er ihre bescheidenen Wünsche erfüllen und mit Geschenken zu ihnen kommen würde. Sie würden ihm zum Dank auch ein Gedicht aufsagen, das sie zu seinen Ehren sorgsam eingeübt hatten.

Aus seinem goldenen Buch las der Nikolaus vor, was die Engel das ganze Jahr über aufgeschrieben hatten. Für alle Erdenbürger die guten und die bösen Taten.

Der Nikolaus nahm sich wie immer die Zeit und sprach mit jedem Kind einzeln, was an Schönem über es aufgezeichnet war, und lobte es. Las er Böses vor, musste der Hans Muff mit der Rute auf den Boden schlagen oder den kleinen Teufelsbraten gegen die Beine, dass sie vor Angst zitterten.

Doch der Nikolaus merkte, dass sein Gehilfe plötzlich nicht mehr bei der Sache war. Der heilige Mann hatte mehrmals ungeduldig das vereinbarte Zeichen gegeben, knurrend mit der Rute kräftig zu klopfen oder mit der Kette zu rasseln. Aber Hans Muff reagierte nicht. Der sonst gütige Nikolaus wurde innerlich immer zorniger. Es sah sich gezwungen, das freundliche Gespräch mit den Kindern vorzeitig zu beenden, weil sein Begleiter nur noch untätig auf dem Boden kauerte.

Er konnte nicht fassen, was er sah: Sein Hans Muff hatte nur noch Augen für eine junge Frau, die bei den Kindern stand, vielleicht die älteste Schwester. Mit ihrem feinen Gesicht war sie lieblich anzuschauen. Als sein Begleiter ihr beim Abschied dann noch etwas in das Ohr flüsterte, war der Nikolaus nicht mehr zu halten. Er verließ fluchtartig das Haus.

Am nächsten Tag stand Hans Muff frühzeitig vor der Kasse des Kinos am Marktplatz nahe der St. Nikolauskirche. Wenig später erschien das Mädchen. Die Wangen und das Näschen vor Aufregung so rot wie die Mitra des heiligen Nikolaus und die Augen leuchtend wie zwei glühende Sterne.

Da hatte sich der Nikolaus wohl verschätzt, denn die beiden waren mehr als fünfzig Jahre miteinander verheiratet, bis Hans Muff starb. Viele Nikolausabende verbrachte das Paar gemeinsam. Aber der Nikolaus wusste: Einen so schönen wie ihren ersten gemeinsamen haben die beiden nie wieder erlebt.

Weihnachten verregnet

Heiderose Reichelt

Wir waren es leid. Seit Wochen Regenwetter in Norddeutschland. Nasskalt. Grau. Kein Sonnenstrahl. Dazu in allen Kaufhäusern und auf den Märkten Halleluja-Gedudel im Advent. Und überall brechend volle Regale: Weihnachtsmänner, Engel, Sterne, Glöckchen in allen Größen und Ausführungen. Aus Schokolade, Marzipan und Lebkuchen. Pappe, Plüsch, Filz, Blech, Kunststoff …

Und so sollte Feiertagsvorfreude aufkommen? Bei meinem Mann und mir kam nichts auf. Keine Freude. Nur Frust. Wenn doch der Rummel endlich vorbei wäre. Und dazu das müde machende Nieselwetter. Wie Schnee aussah, daran erinnerten wir uns nur noch, als zu Ostern nach einem Kälteeinbruch plötzlich dicke weiße Flocken gefallen waren und unseren Kleingarten samt an den Obstbäumen hängenden Ostereiern in traumhaftes Weiß gehüllt hatten. Aber da war es doch April, und wir wollten endlich Frühling.

Kurz entschlossen ging ich zum nahegelegenen Reisebüro und buchte für meinen Mann und mich zwei Wochen Mallorca. Überraschung. Zu Weihnachten.

Als ich meinem Mann eine Woche vor dem Fest die Reiseunterlagen präsentierte, sah er mich zunächst kopfschüttelnd an. Dann grinste er: «Na, denn man los.»

In vier Tagen Abflug in den sonnigen Süden. Zu den Palmen und ans Meer. Tschüs, Regenwetter. Und tschüs, Hektik. Mach's gut, Tannenbaum. Tschüs, Kinder. Wir fliegen. Die Koffer waren schnell gepackt. Da wir ans warme Mittelmeer reisten, brauchten wir ja außer Badesachen nicht viel mitzunehmen. Herrlich.

Unseren Kindern schickte ich erst, als wir am Flughafen waren, kurz vor unserem Abflug eine SMS: *Frohe Weihnachten und ein gutes neues Jahr. Wir sind im Süden.*

Wir stellten uns ihre verdutzten Gesichter vor, denn sie waren es ja seit Jahren gewohnt, immer mit ihren Kindern bei uns den Heiligen Abend und den ersten Feiertag zu verbringen. Es war ja bequem für sie, mal ausspannen nach langen Arbeitswochen. Die Enkelkinder waren mit dem Auspacken der vielen Geschenke beschäftigt und heulten immer erst, wenn sie ins Bett sollten. Oder sie schliefen unter dem Weihnachtsbaum ein.

Wir räumten für unsere Gäste immer unser Schlafzimmer und stellten zusätzlich im Wohnzimmer Luftmatratzen und zwei Feldbetten für die Enkelkinder auf, sodass wir alle gut unterbringen konnten. Wir schliefen im Wintergarten, ich in einer Hängematte, mein Mann im Ohrenbackensessel mit einem Polsterhocker unter den Füßen.

Da ich eigentlich an diesen Feiertagen nur damit beschäftigt war, Kartoffelsalat, Würstchen, Gänsebraten, Klöße, Stollen und Kekse zuzubereiten und schließlich jeweils einen Riesenabwasch zu bewältigen hatte, kriegte ich nicht mit, wer sich über welches Geschenk freute. Wer was mit wem spielte. Mein Weihnachtsreich war die Küche.

Aber nun saßen wir im Flieger Richtung Süden. Adieu, Deutschland. Im neuen Jahr sind wir wieder da. Bis dahin nichts als Erholung und gute Laune. Ohne Halleluja.

Nach drei Stunden landeten wir im Paradies. Glaubten wir. Zunächst aber warteten wir am Flughafen fast zwei Stunden auf unser Gepäck. Endlich sichteten wir den Koffer auf dem Förderband. Aber was war das? Ein Mann griff unser Gepäckstück und wollte damit verschwinden, in der festen Überzeugung, dass es seines wäre. Es gab eine wilde Rangelei, die glücklicherweise mein Mann gewann, wenn dabei auch seine Brille zu Bruch ging und sein Ledersakko einen Dreiangel hatte. Vom Zustand des Koffers ganz zu schweigen. Wir würden Anzeige erstatten, und außerdem waren wir versichert. Die Stimmung wollten wir uns nicht verderben lassen. Nicht dadurch. Also machten wir gute Miene zum bösen Spiel.

Aber was war hier für ein Wetter? Kühler Nieselregen und kräftige Windböen empfingen uns. Wir warteten fröstelnd eine Stunde auf ein Taxi, das uns schließlich zu unserem Hotel brachte. Der Weihnachtsurlaub konnte beginnen. Endlich! Und hoffentlich mit baldigem Sonnenschein.

Denkste. Unser Zimmer war versehentlich noch belegt und wurde erst in drei Tagen frei! Also bekamen wir ein Ersatzquartier. Im Erdgeschoss. Das einzige freie Apartment. Wir waren mittlerweile zu müde, um noch zu protestieren. Erschöpft sank ich in die Kissen, während mein Mann ins Bad ging, um sich frisch zu machen.

Er kam Sekunden später wutschnaubend zurück. Kein warmes Wasser. Wir fluchten beide. Wuschen uns notdürftig kalt und gingen stinksauer zur Rezeption. Kurz und gut, nach langem spanischem Palaver kriegten wir mit, dass ein Rohrbruch die Ursache sei und die Reparatur noch so kurz vor Weihnachten sehr fraglich. Man zuckte bedauernd die Schultern.

Wir gingen entnervt Abendbrot essen, denn es war mittlerweile so spät, dass es kein Sinn gehabt hätte, im Dunkeln ein anderes Quartier zu suchen. Außerdem waren wir müde. Wir wollten das morgen früh angehen. Nach dem Frühstück. Und legten uns nach einer kalten Katzenwäsche ins Bett, das bedrohlich ächzte.

In der Nacht gab es Party in der ganzen Umgebung, und immer wieder wurde gegen unsere Parterrefenster geklopft und gegrölt. Womit hatten wir das verdient?

Aber einen Tag vor Heiligabend auf Mallorca noch ein einigermaßen vernünftiges Hotel zu finden, erwies sich als hoffnungslos. Alle Zimmer ausgebucht von deutschen Landsleuten. Was nun?

Inzwischen hatte unser Enkel Dennis eine SMS geschickt: *Oma! Opa! Wann kommt ihr? Ohne euch ist Weihnachten richtig doof!!!*

Was sollten wir darauf antworten? Mein Mann und ich guckten uns an. Und schwiegen. Sahen auf die Regentropfen draußen vor dem Fenster. Die hatten wir ja auch zu Hause gehabt …

Nach einer Stunde packten wir wortlos unsere Sachen in den Koffer, riefen ein Taxi und fuhren zum Flugplatz. Wir freuten uns auf Hängematte und Ohrenbackensessel.

Gott liebt mich

Käthe Dörfel

Eine Woche vor Weihnachten sagt Mama plötzlich am Abendbrottisch: «Dieses Jahr werden wir einen Gast am Heiligen Abend haben.»

«Wieso nur einen Gast?» Lea schaut von ihrem Teller auf. «Kommen Oma und Opa nicht gemeinsam zu uns?»

«Oma und Opa sind doch keine Gäste», murmelt Marc mit vollem Mund. «Die gehören doch zur Familie.»

«Marc hat recht», antwortet Papa. «Unser Gast kommt aus dem Kinderheim.»

Mama erklärt: «Neulich habe ich eine Bekannte getroffen, sie arbeitet als Erzieherin in einem Kinderheim. Und sie erzählte mir von Kindern, die nie abgeholt werden.»

«Auch nicht an Weihnachten?», fragt Marc neugierig und steckt sich noch ein Stück Gurke in den Mund.

«Nein, auch nicht an Weihnachten.» Mama wirft Papa einen Blick zu und spricht dann weiter: «Das ging mir lange im Kopf herum. Und dann haben Papa und ich beschlossen, eines dieser Kinder am Heiligen Abend zu uns einzuladen.»

«Ist es ein Junge oder ein Mädchen?», will Lea wissen.

«Ein Junge», antwortet Mama. «Er heißt Toni und ist neun Jahre alt.»

«So alt wie ich», stellt Marc sachlich fest.

«Und zwei Jahre älter als ich», meint Lea.

Mark schluckt seinen Bissen herunter. «Wenn Toni nichts kaputt macht, darf er bei mir übernachten.»

«Das geht leider nicht», entgegnet Mama. «Zum Schlafen muss Toni zurück ins Kinderheim. Das ist schade, aber so sind die Regeln.»

Am 24. Dezember ist Marc schon ganz früh wach, und als er Papas Wecker klingeln hört, springt er aus dem Bett und zieht sich an. Auf dem Flur begegnet er Lea, die auch schon angezogen ist. Papa schlurft müde ins Bad, er muss noch bis mittags arbeiten. Mama schaltet in der Küche die Kaffeemaschine an.

«Ich helfe dir», sagt Lea zu Mama und fängt an, den Tisch zu decken.

«Ich auch!» Marc holt die Marmelade aus dem Kühlschrank. «Und dann fahren wir zusammen ins Kinderheim.»

«Du kannst es wohl kaum erwarten?», lacht Mama. «Aber ja, gleich nach dem Frühstück holen wir Toni ab.»

Eine Stunde später stehen sie vor der Tür des Kinderheims. Toni ist etwas kleiner als Marc, sieht sportlich aus und hat dunkle Haare. Zuerst ist er ziemlich still, doch als ihm Marc und Lea während der Autofahrt eine Frage nach der anderen stellen, wird er immer gesprächiger. Zu Hause möchte Marc am liebsten gleich mit Toni Lego spielen, aber Lea gibt zu bedenken: «Wir müssen zuerst das Geschenk für Oma und Opa fertig basteln, sie kommen doch schon am Nachmittag.»

«Ach», seufzt Marc, «das hätte ich ja fast vergessen.»

«Was bastelt ihr denn?», will Toni wissen.

«Komm mit, ich zeige es dir», antwortet Lea und geht voran, zu ihrem Zimmer.

Auf Leas Tisch stehen sieben Krippenfiguren aus Ton:

Maria, Josef, zwei Hirten und drei Weise. Und das Jesuskind in einem Futtertrog.

«Die habt ihr ja richtig gut hinbekommen», lobt Toni.

Lea kramt ihre Farbtuben heraus. «Wir müssen sie noch anmalen.»

Toni nimmt vorsichtig einen Hirten in die Hand. «Wenn ihr wollt, helfe ich euch.»

Kurz darauf sitzen die drei am Tisch, Toni malt dem Hirten einen kaputten Mantel und einen zerzausten Bart und sagt: «Ich finde es richtig gut, dass die Hirten die ersten Gäste bei dem Jesuskind waren.»

«Darüber habe ich mir noch nie Gedanken gemacht», wundert sich Marc.

«Ich schon oft», meint Toni. «Die Hirten waren immer unterwegs. Die meisten Menschen konnten sie nicht leiden, weil sie so arm und dreckig waren.»

«Und wieso findest du das gut?» Lea, die gerade Marias blauen Umhang malt, rümpft die Nase. «Wenn ich die Mutter gewesen wäre, hätte mir das nicht gefallen. So dreckige Kerle haben manchmal Ungeziefer. Und wenn sie eine Krankheit anschleppen, kann das gefährlich für ein Baby werden.»

«Du sprichst wie unsere Tante Eva», lacht Marc. Dann wendet er sich an Toni: «Unsere Tante hat nämlich vor kurzem ein Kind bekommen. Sie nimmt es sehr genau mit der Sauberkeit.»

«Fertig!» Toni stellt den Hirten auf den Tisch. «Darf ich den zweiten auch noch anmalen?»

Lea richtet ihren Pinsel auf ihn: «Aber erst verrätst du uns, warum dir die Hirten so gefallen.»

«Ich habe nicht gesagt, dass mir die Hirten gefallen», grinst Toni. «Ich sagte, ich finde es gut, dass sie die ersten Gäste beim Jesuskind waren.»

«Und warum?», bohrt Lea weiter.

Toni beißt sich auf die Lippe und senkt den Kopf. «Weil … na ja … Ich … Also … Ich habe meine Mutter schon ewig nicht gesehen. Und meinen Vater kenne ich gar nicht. Und die Hirten … also, die Hirten hatten doch auch kein Zuhause. Trotzdem ist der Engel gerade zu ihnen gekommen. Und da wussten sie, dass Gott sie lieb hat.»

Nachdenklich hebt Marc den Blick und fragt leise: «Und du weißt nun auch, dass Gott dich lieb hat?»

Toni nickt.

«Aber das ist doch klar», ruft Lea. «Gott hat alle Menschen lieb.»

«Das hat unsere Erzieherin Frau Lerch auch gesagt», antwortet Toni. «Aber so richtig glauben konnte ich es nicht. Und dann habe ich gebetet. Ich habe zu Gott gesagt: ‹Du hast den Hirten die Engel geschickt, damit sie erfahren, dass du sie lieb hast. Bitte gib auch mir ein Zeichen.›»

«Und?» Gespannt starrt Lea Toni an. «Hat er dir ein Zeichen gegeben?»

«Klar hat er das», grinst Toni.

«Und welches?», fragt Marc.

Toni macht eine ausladende Handbewegung. «Ich bin heute hier, bei euch. Und heute Abend werde ich mit euch Weihnachten feiern. Ist das etwa nichts?»

«Doch! Das ist voll cool!», lacht Marc und klopft Toni auf die Schulter. «Von mir aus kannst du ruhig öfter kommen, nicht nur zu Weihnachten.»

Am Nachmittag kommen Oma und Opa. Und dann gehen alle gemeinsam zum Krippenspiel in die Kirche. Als die Engel den Hirten die frohe Botschaft bringen, stößt Marc Toni in die Seite und zeigt den Daumen hoch. Toni lacht. In der Schlussszene knien die Hirten an der Krippe. Und Maria sagt: «Seht, das ist Gottes Sohn. Er ist auf diese Erde gekommen, damit alle Menschen erfahren, dass Gott sie lieb hat.»

«Danke, Jesus», flüstert Toni, und Marc nickt dazu.

Es war einmal …

Holger Wittschen

Für das Erinnerungsfoto mit der 41239, der modernsten Dampflokomotive der Deutschen Reichsbahn auf der Drehscheibe des Südschuppens, stand Bunselmeyer stolz ganz vorne neben Möller und Backhus. Endlich hatte der Fotograf jeden so platziert, wie es seiner Meinung nach für das Bild notwendig war. Bunselmeyer konnte den Kerl mit dem Fotoapparat nicht so recht ausstehen. Der Mann hatte lange, schlanke Finger, die – im Gegensatz zu seinen Pranken – wohl noch nie richtig mit angepackt hatten und keine Schwielen kannten. Außerdem hatte er eine Fistelstimme, die ihn an den sich überschlagenden Sopran der Küsterin Frau Seibel erinnerte, die wie gottgewollt jeden Sonntag eine Bank hinter ihm in der Kirche saß und dabei Note für Note aus dem Gesangbuch verstimmt in sein Ohr trällerte.

«Achten Sie auf das Vögelchen!», rief der Fotograf albern. «Bitte recht freundlich!» Und schon gab es einen Knall, einen grellen Blitz, und das Bild für die Weihnachtsausgabe der Bremer Zeitung war im Kasten.

Als alle gegangen waren, erklommen Bunselmeyer und Backhus genervt das Führerhaus der Lok. Der Ostwind wehte ihnen eisig um die Ohren, und der Heizer Backhus dachte mit Freude daran, den Kessel nachfeuern zu können.

Der Geruch nach Öl und verbranntem Koks stieg ihnen in die Nase.

Die Lok, schon seit Stunden unter Feuer, dampfte und schnaufte vor sich hin. Ihre Form war elegant. Unter Dampflokomotiven gab es nichts Vergleichbares. Sie erreichte eine Spitzengeschwindigkeit von hundertzwanzig Stundenkilometern. *Das* war der deutsche Fortschritt! Backhus nahm die Schaufel und begann damit, den Koks vom Tender in das glühende Feuerloch zu schippen. In Kürze würden sie abfahrtbereit sein. Auch an einem Tag wie heute – dem Heiligen Abend.

Man hatte ihnen gerade Fahrt erteilt, als jemand gegen die Loktür hämmerte. Bunselmeyer dachte für einen Moment, sich verhört zu haben. Aber es hämmerte noch einmal, diesmal energischer. Vielleicht war es der Rangierer wegen einer eingefrorenen Weiche, die er erst freimachen musste. Doch als er das Fenster öffnete, sah er nicht Möllers schiefe Visage, sondern eine junge Frau unten an der Lok stehen. Bei der Mordskälte war sie nur in einen grauen Umhang gehüllt, und ihre Füße steckten in groben Holzschuhen. In der Hand hielt sie eine Krücke, mit der sie gerade wieder gegen die Loktür stieß.

«Was ist los?», brüllte Bunselmeyer gegen das ohrenbetäubende Schnaufen der Lok an.

Wusste die Frau denn nicht, dass es verboten war, Bahngelände zu betreten? Plötzlich schob sich ein kleiner Junge hinter der Frau hervor. Bunselmeyer schätzte ihn auf sieben, acht Jahre. Er war sehr schmächtig. Das Kind stützte sein Gewicht auf eine Krücke. Auch seine Füße steckten in groben Holzschuhen.

Er sollte schleunigst losfahren und diese beiden Geschöpfe an den Gleisen stehenlassen, schoss es ihm durch den Kopf.

Seine Zeit war knapp, und selbst beim Rangieren konnte er Unpünktlichkeit nicht ausstehen. Er drehte sich zu Backhus um, der neugierig über Bunselmeyers Schulter lugte.

«Kennst du die?», fragte er Backhus.

«Das sind die Frau und der Sohn vom Rottenführer Kehlenbeck. Der ist im letzten Herbst bei einem Streckenabschnitt ums Leben gekommen», entgegnete Backhus mit rauer Stimme und drehte sich wieder dem Feuerloch zu.

«Was will die denn von uns?», murmelte Bunselmeyer unwirsch in seinen Bart. Hastig öffnete er die Loktür und kletterte hinunter. Die Lok schnaufte und spie zischend weißen Wasserdampf in die eisige Luft und stand da wie ein schwarzer Drachen in einer Winterlandschaft. Als er vor der Frau stand, sah er, wie zierlich sie eigentlich war.

«Also, was wollen Sie?», fragte Bunselmeyer. Es hätte unfreundlich klingen sollen, weil er mit Frauen eigentlich nichts am Hut hatte und mit Kindern schon gar nicht. Aber er war irgendwie gehemmt und die Frage fiel eher nett aus.

«Mein Anton wünscht sich sehnsüchtig, auf einer Dampflok zu fahren. Es wäre heute sein einziges Weihnachtsgeschenk», sagte sie und schaute ihm dabei tief in die Augen.

Bunselmeyer machte das als eingefleischten Junggesellen auffallend nervös. Er konnte nicht leugnen, dass er sie auf eine ihm nicht erklärbare Art und Weise hübsch fand. Trotz der Kälte spürte er, wie er einen roten Kopf bekam.

«Eigentlich ist es verboten, jemanden mitzunehmen», stammelte er. «Und für Kinder ist das hier viel zu gefährlich.» Dabei schaute er nervös auf das freigegebene Signal.

«Nur eine kleine Fahrt, bis zu den Abstellgleisen. Dann hole ich ihn wieder ab», schlug sie ihm mutig vor.

Er musste schnellstens wieder auf die Lok. Die Zeit saß ihm im Nacken, während er einen Moment die Lage überdachte. Da drückte die Frau ihrem Jungen die zweite Krücke in die Hand und wollte ihn sacht zum Umdrehen bewegen, doch er humpelte unbeholfen auf Bunselmeyer zu und sah ihn unendlich traurig an. Aber seine Augen wirkten wach und waren voller Wissensdurst.

Impulsiv ergriff Bunselmeyer eine Hand des Kleinen, nahm ihm die Krücken ab, hob ihn auf und stieg mit seiner Last die Leiter zum Führerhäuschen hoch. Verdammt, was hatte er sich da wieder eingebrockt. Als er oben war und aus dem Fenster schaute, stand Antons Mutter ungläubig, aber strahlend da.

«Danke!», rief sie ihm zu.

Bunselmeyer nickte ihr zu, schloss das Fenster und öffnete die Ventile. Mit lautem Schnaufen setzte sich die Lokomotive in Bewegung, und Antons Mutter verschwand in einer Woge aus Dampf.

Backhus schaute nur einen Moment auf, schüttelte grinsend mit dem Kopf und schaufelte weiter Koks in das Feuerloch. Der Junge suchte Halt und hatte sich an die gegenüberliegende Tür gelehnt. Bunselmeyer klappte seinen Sitz aus und hob den Kleinen hinauf. Er würde seine Lok für kurze Zeit auch im Stehen bedienen können.

Das Rangieren dauerte etwas mehr als eine Stunde. Anton saß da und sagte nichts, aber seine Augen waren überall. Bunselmeyer gefiel der Junge, das musste er zugeben. Irgendwie tat ihm sein trauriger Blick leid. Was konnte ihn nur aufheitern, dachte er. Plötzlich hatte er eine Idee. Er nahm die Hand des Jungen behutsam in seine riesige Hand und führte sie zu einer Strippe, die von der Decke hing. Der Junge umfasste sie und Bunselmeyer zog sie gemeinsam mit dem Jungen nach unten. Ein lautes Pfeifen ertönte, so laut, wie Anton es noch nie gehört hatte. Zum ersten Mal lächelte er und in seine Augen kam ein Glanz, den Bunselmeyer wohl nie vergessen würde.

«Jetzt du alleine», sagte er zu ihm. Anton zog an der Strippe, und wieder ertönte lautstark die Pfeife.

Dann fuhren sie zurück zum Südschuppen, hier endete die Reise. Backhus war vom Kohlenschaufeln schweißgebadet. Anton strahlte über das ganze Gesicht. Als Bunselmeyer ihn vom Sitz hob, umarmte der Junge ihn. Es war nur ein kurzer Moment, aber er spürte die Arme des Jungen noch lange Zeit später. Und als er Antons Mutter wiedersah, bemerkte er erneut, wie ihm die Röte ins Gesicht schoss. Er konnte nichts dagegen tun.

Anton war glücklich. Wie ein Wasserfall fing er an, seiner Mutter von der Fahrt zu berichten. Sie schaute Bunselmeyer an und lächelte. Und Bunselmeyer war sich sicher, ein paar Tränen in ihren Augen zu sehen.

Anton hatte bekommen, was er sich so sehr gewünscht hatte. Aber auf gewisse Art war dieser Heiligabend auch ein besonderer Tag für Bunselmeyer geworden. Was wünschte *er* sich eigentlich?

Als Anton und seine Mutter schon eine ganzes Stück fortgegangen waren, drehte sich die Mutter noch einmal um und winkte ihm zu.

Vielleicht ändert sich ja was in meinem Leben, dachte er. Aber wissen konnte er es nicht, denn wer kann schon in die Zukunft schauen …

Christmette

Ansgar Oeverhaus

Die Kirchturmuhr schlug acht Mal, als der weiße Transporter vor dem kleinen Haus hielt. Vom Küchenfenster beobachtete der Mann, wie ein Fremder aus dem Wagen stieg und auf das Haus zuging. Ein Knall und ein kurzer Schrei ließen den Mann hochfahren. Er öffnete die Haustür und entdeckte den Fremden, wie er mit schmerzverzerrtem Gesicht am Boden lag, daneben ein zerbrochener Dachziegel. Der Mann schleppte den Fremden ins Haus. Wortlos setzte er ihn auf der Holzbank in der Küche ab, schob ihm den alten Lehnstuhl unter den Fuß und holte aus dem Kühlschrank einen Eisbeutel. Er ging ins Bad, um Verbandszeug zu suchen. Zurück in der Küche versorgte er die blutende Wunde am Unterschenkel des Mannes und legte den Eisbeutel darauf.

«Tee?», fragte er gleichmütig.

Der Fremde nickte. «Ja, gern, danke.»

«Milch?», fragte der Mann.

Der Fremde schüttelte den Kopf. «Nur Zucker, bitte», antwortete er und rieb sein Fußgelenk.

Der Mann ging zu einem offenen Regal, in dem sich nur eine einzige Teetasse befand. Er nahm sie und kehrte schlurfend zurück, füllte die Tasse mit Tee, stellte sie vor dem Fremden auf den Tisch und schob ihm die Zuckerdose herüber, deren Deckel vollkommen mit geronnenem Zucker verklebt war. Er setzte sich und schaute aus dem Fenster hinaus in die aufgehende Sonne an diesem kalten, klaren Dezembermorgen.

Der Fremde betrachtete das leere Regal an der gegenüberliegenden Wand. Sein Blick wanderte zur Arbeitsfläche. Sie war vollständig bedeckt mit verschmutztem Geschirr, Töpfen und Tassen. Auf dem Boden vor der Spüle stand ein Pappkarton mit mehreren halbgeöffneten Konservendosen. Reste der Eintöpfe, die sich einmal darin befunden hatten, klebten an den Rändern oder lagen wie ausgespuckt auf dem abgewetzten Küchenboden.

«Entschuldigung», grummelte der Mann. «Hätte schon längst repariert werden müssen.»

Der Fremde schaute jetzt hinunter auf seine Teetasse, aus der kräuselnd der Wasserdampf aufstieg. Ein leichter Würgereiz überkam ihn. Für einen Sekundenbruchteil trafen sich die Blicke der beiden Männer. Der Fremde war gerührt. Nie zuvor hatte er so tieftraurige Augen gesehen.

«Arzt anrufen?», brummte der Mann.

Der Fremde schüttelte den Kopf. «Nein, ich glaube, das wird nicht nötig sein.» Er beugte sich ein wenig vor. «Ich mache Ihnen keinen Vorwurf, es war ein Unfall.»

Der Mann reagierte nicht.

«Wissen Sie», fuhr der Fremde fort, «ich bin auf der Suche nach dem Haus des Pfarrers, denn ich habe sehr kurzfristig den Auftrag erhalten, das Kirchendach bis zur Christmette zu reparieren.»

Der Mann schaute unbeeindruckt aus dem Fenster.

«Es ist schon länger undicht», erklärte der Fremde, «aber der hiesige Zimmermann hatte wohl noch nicht die Zeit, den Schaden zu beseitigen.»

«Wird dann ja repariert», knurrte der Mann und wischte versonnen mit seiner Hand eine Spur in die Staubschicht, die die Tischplatte überzog.

«Nun ja», sagte der Fremde, «der Auftrag soll bis morgen erledigt sein. Aber mit meiner Verletzung werde ich es leider nicht schaffen.» Er drückte den Eisbeutel fest auf den verletzten Fuß. «Haben Sie vielleicht eine Idee, wer mir helfen könnte?»

Nach einer Weile wandte sich der Mann dem Fremden zu. Seine Augen wirkten wie die eines Kindes, das etwas vor seiner Mutter verbarg.

«Kann versuchen zu helfen», sagte er leise.

«Vielen Dank!», erwiderte der Fremde erfreut. «Sie täten mir einen großen Gefallen! Es ist nicht gut für mein Geschäft, wenn ich Aufträge nicht erfüllen kann.»

Der Mann zuckte mit den Schultern. «Hab was gutzumachen.» Er stand auf und fragte: «Sofort?»

Der Fremde nickte ein wenig irritiert, und bevor er antworten konnte, hatte ihn der Mann gepackt und aufgerichtet. Der Fremde stützte sich auf und ließ sich zur Tür führen. Der Mann griff nach seiner Jacke und zog den Fremden hinaus in den hellen Morgen. Der Fremde saugte die frische Luft ein.

«Schlüssel!», forderte der Mann seinen Begleiter auf.

Der Fremde zog den Fahrzeugschlüssel aus der Tasche. Sie bestiegen den Transporter des Fremden und fuhren in das Dorf hinunter. Vor dem Haupteingang der Kirche ließ der Mann den Fremden aussteigen und parkte den Transporter, während der Fremde sich langsam in die kleine Kirche schleppte.

Die Turmuhr schlug fünf Mal.

Im Handumdrehen reparierten die beiden Männer schließlich den Dachstuhl, der Fremde war trotz seiner Verletzung erstaunlich schnell. Er war offensichtlich routiniert und erledigte den Großteil der Arbeit alleine.

Als die Männer fertig waren, standen sie beide im Kirchenraum. Der Fremde stützte sich an einen Gewölbeträger am Ausgang und blickte den Mann an. Die Kirche war nur spärlich beleuchtet, dennoch leuchtete in den Augen des Mannes eine unbestimmte Hoffnung. Der Fremde nickte ihm aufmunternd zu. Der Mann lächelte gequält.

Nun kam der Pfarrer in den Mittelgang und betrachtete das Gewölbe.

«Wunderbar!», sagte er und setzte sich in eine Kirchenbank. «Unser Kirchendach ist repariert! So können wir am Heiligen Abend gut geschützt die Geburt unseres Herrn feiern.» Er stand auf und reichte dem Mann die Hand. «Danke, vielen Dank dafür!»

Zögernd nahm der Mann die ausgestreckte Hand.

Der Pfarrer bedeutete ihm, sich zu setzen. «Ich bin so froh, dass Sie wieder bereit sind, sich dem Leben zuzuwenden. Ich weiß, wie schwer es für Sie ist nach dem so plötzlichen Tod Ihrer geliebten Frau.»

Der Mann stand wieder auf. Seine Augen flackerten nervös. «Ich … Ich habe …»

«Bitte», beruhigte ihn der Pfarrer, «ich wollte Ihnen nicht zu nahe treten!»

«Dort hinten …», presste der Mann hervor und zeigte zum Ausgang.

Der Pfarrer beobachtete den aufgeregten Mann und folgte dessen ausgestrecktem Arm. Ein Schatten löste sich von der Wand unter dem Aufgang zum Kirchturm und schritt zur Tür. Der Fremde drehte sich kurz um und hob die Hand wie zum Gruß. Er formte mit seinen Lippen zwei Worte und verschwand in der Dunkelheit des anbrechenden Abends.

Weihnachtsbasteln

Régine Gastaud

Basteln war Pflicht. Eva und ich fingen damit immer schon Anfang November an. Unsere Mutter betonte zwar häufiger, unsere Familie sei etwas Besonderes, ich fand uns aber eigentlich ganz normal. Doch wenn ich heute an unsere Weihnachtsrituale und deren Vorbereitung denke, finde ich schon, dass es stimmte: Wir waren etwas Besonderes, auch wenn das bei unserer Mutter eine ganz andere Bedeutung bekam.

Ich bastelte sehr gerne und liebte die damit verbundenen Heimlichkeiten. Schon wenn Eva und ich unseren Eltern zuriefen: «Ihr dürft ab jetzt nicht mehr ins Kinderzimmer kommen!» Meine Stimme überschlug sich vor Aufregung.

«Was habt ihr denn vor?», fragte Mutter scheinheilig. «Es hat doch in nächster Zeit niemand Geburtstag?»

«Es ist doch aber bald Weihnachten!» Es war mir völlig unverständlich, wie Mutter das vergessen konnte, wo wir doch um diese Zeit auch schon immer Weihnachtslieder übten.

Zuerst malten Eva und ich ein großes Schild mit der Aufschrift *Eintritt verboten!* und hängten es an unsere Zimmertür. Wenn Mutter in ihrer stürmischen Art doch mal die Klinke runterdrückte, um fast gleichzeitig im Zimmer zu stehen, schrien wir voller Panik: «Nicht reinkommen!», und dann fragte sie durch die geschlossene Tür, was wir zum Abendbrot essen wollten. Das war sehr ungewöhnlich, denn geschlossene Türen waren bei uns tabu.

Eva war die Ältere von uns beiden, und die Bastelideen kamen meistens von ihr. Einmal schlug sie vor, wir könnten doch für unsere Eltern einen Adventskalender basteln. Wir malten auf ein Blatt einen geschmückten Weihnachtsbaum, schnitten vierundzwanzig Türchen in das Bild, klebten das Ganze auf eine Pappe und malten zum Schluss Sterne, Tannenzweige, Kerzen und vieles mehr in die Türchen, bis alle voll mit Weihnachtsbildchen waren. Am Ende klebten wir sie mit winzigen Tesafilmstücken zu. Besonders Mutter hatte sich so sehr über diesen Kalender gefreut, dass das Adventskalenderbasteln nun für uns zur Pflicht wurde.

Hätten wir Mutters Erwartungen nicht erfüllt, wären wir von ihr durch tagelanges Beleidigtsein und Liebesentzug gestraft worden. In solchen Situationen waren wir nicht mehr «Evchen und Lottchen», sondern Eva und Lotte. Wir bekamen keinen Gute-Nacht-Kuss, keinen Kuss am Morgen und auch nicht, wenn wir uns auf den Schulweg machten. Erst wenn wir uns reuevoll bei Mutter entschuldigten und ihr versprachen, sie nie wieder so zu enttäuschen, wurden wir wieder zu «Evchen und Lottchen».

Einmal wurde der Adventskalender besonders aufwendig. Wir falteten aus Pappe ein Haus mit Dach und schnitten dreiundzwanzig Fenster hinein. Eine große Flügeltür war die vierundzwanzigste. Dort hinein wollten wir Maria, Joseph und das Jesuskind zeichnen. Auf das Dach malten wir Wellenlinien, die die Ziegel darstellen sollten, waren aber mit dem Ergebnis unzufrieden. Es sah uns nicht echt genug aus. Wir überlegten, wie wir es besser oder anders machen könnten. Lange fiel uns nichts ein.

«Stroh», sagte ich auf einmal. Eva sah mich erstaunt an. «Auf das Dach muss Stroh», erklärte ich ihr. «Schließlich ist das doch ein Stall. Ich hol welches von unten.»

Obwohl wir mitten in Berlin wohnten, wurden auf unserem Hof Kühe, Schweine und Hühner gehalten. Von unserem Hausflur führte ein düsterer, muffiger Gang auf den Hof, durch den ich schon am Tag nicht gerne ging. Jetzt war es schon dunkel. Leise öffnete ich die Tür zum Gang. Mein Herz schlug wie verrückt, alles in mir zog sich zusammen und ich hatte plötzlich das Gefühl, ich müsste ganz dringend auf die Toilette. Aber das Stroh! Wir brauchten unbedingt das Stroh. Also: tief Luft geholt, durch den Gang geflitzt und die Tür nach draußen aufgerissen. Wieder frische Luft! Aber auch der Hof war nur schwach beleuchtet und die Strohballen lagen weiter hinten, kurz vor dem Freigehege der Schweine. Ich guckte nach rechts und sah die dunklen Ställe. Links stand der alte Hanomag, mit dem Herr Wendig immer Futter holte. Wenn sich nun dahinter jemand versteckt hatte? Aber die Hofarbeiter waren um diese Zeit doch längst zu Hause. Noch mal tief Luft geholt und ein Sprint zum Stroh. Warum quiekten denn die Schweine so laut? Ich griff mir eine Handvoll Stroh, rannte die Treppe hinauf und war froh, wieder bei Eva in unserem Zimmer zu sein.

Wir klebten jeden Strohhalm einzeln auf das Dach. Jetzt waren wir mit dem Ergebnis zufrieden. Auch Vati und Mutti waren begeistert und stellten das Kalenderhaus auf die Musiktruhe zu den Holzengelchen mit den Puppenkerzen. Das war schon ein Ehrenplatz!

Je älter wir wurden, desto geringer war unsere Lust zu basteln. Unsere Interessen hatten sich verändert. Wir lasen jetzt lieber die *Bravo* oder *Donald Duck* und hörten dabei *Schlager der Woche,* anstatt zu basteln.

Aber Weihnachten wurde es trotzdem wieder. Nachdem wir in den letzten Jahren Bilder gemalt und dazu Rahmen gebastelt hatten, Sterne gefaltet, Engel geklebt, Eulen aus Sperrholz gesägt, Kästchen verziert und Nadelbüchlein gestickt hatten, kam uns in diesem Jahr so gar keine Idee, was wir Selbstgemachtes schenken könnten.

Da erwähnte Mutti beim Abendbrot, dass ihr Portemonnaie nicht mehr richtig schließe und sie bald ein neues bräuchte. Eva blinzelte mir einige Male über den Abendbrottisch zu. Was hatte sie denn? Wir konnten doch unmöglich ein Portemonnaie basteln. Nachdem wir den Tisch abgedeckt und beim Abwaschen geholfen hatten, zog mich Eva in unser Zimmer.

«Du, Lottchen, wir kaufen Mutti ein Portemonnaie zu Weihnachten. Was hältst du davon? Sie hat doch selber gesagt, dass sie ein neues braucht. Und wir müssen nichts basteln.»

Ich fand diese Idee prima: «Da freut sie sich bestimmt! Wie viel kostet denn so was?»

«Das weiß ich auch nicht so genau, aber morgen nach der Schule gehen wir beide zum Kaufhaus Held und gucken mal.»

Am nächsten Tag stellte sich heraus, dass die Portemonnaies doch ziemlich teuer für uns waren. Und in sechs Wochen war Weihnachten. Eva hatte im Gegensatz zu mir etwas von ihrem Taschengeld gespart. Wenn wir das nahmen und uns bis Weihnachten keine *Bravo*, kein *Donald*-Heft und auch keine Mars-Riegel mehr kauften, konnten wir das schaffen. Das war schon ein großes Opfer, aber immerhin war damit das leidige Bastelproblem gelöst.

Dann kam der Heilige Abend. Der Weihnachtsbaum, nur in Silber geschmückt, leuchtete, die Krippe war aufgebaut. Wir sangen zweistimmig *Ihr Kinderlein kommet* und *Stille*

Nacht, Mutter las ganz ergriffen die Weihnachtsgeschichte. Die Luft im Zimmer war voll Harmonie und Glückseligkeit, denn alles war so, wie Mutter es gerne mochte.

Dann wurden die Geschenke ausgepackt. Obwohl wir selbst sehr gespannt waren, was wohl in unseren Päckchen war, beobachteten wir auch immer verstohlen, ob Mutter denn schon dabei war, unser Geschenk auszupacken.

Und dann war es so weit. Unsere Mutter sah entsetzt auf das Portemonnaie. Ihre Mundwinkel rutschten bis an ihr Kinn ab, als sie merkte, dass wir nichts gebastelt hatten. Es war, als hätte jemand die Balkontür geöffnet und die Harmonie in die Winterluft hinausgelassen.

Mutter sah sich das Portemonnaie nicht weiter an, öffnete es nicht und sah so auch nicht den blanken Glückspfennig, den wir ihr in das Münzfach gelegt hatten. Sie legte es achtlos unter den Weihnachtsbaum.

«Ihr schenkt mir etwas Gekauftes? Ihr habt nichts, aber auch gar nichts gebastelt? Wie könnt ihr nur so lieblos und undankbar sein? Ich zerbreche mir reineweg den Kopf, wie ich euch eine Freude machen kann, und ihr macht es euch so einfach. So eine Enttäuschung aber auch … Dann krieg ich von euch lieber gar nichts als noch mal etwas Gekauftes!»

Eva und ich sahen uns erschrocken an. Mit so einer Reaktion hatten wir nie und nimmer gerechnet.

Mutter merkte nicht, was es für uns bedeutet hatte, so viel Geld zu sparen, um ihr dieses Geschenk machen zu können. Unser Verzicht interessierte sie nicht. Er passte nicht zu ihrer Vorstellung von einem liebevollen Geschenk.

Wir trauten uns kaum, unsere Geschenke weiter auszupacken. Das Weihnachtsfest war gelaufen.

Solange wir noch bei unseren Eltern wohnten, bastelten

wir seitdem nun wieder zu jedem Geburtstag, zu Ostern, zum Muttertag und natürlich zu Weihnachten für Mutter, schon um des lieben Friedens willen.

Was Vater betraf, so sagte Mutter immer, würde es reichen, wenn wir ihm Pfeifenreiniger oder ein Päckchen Tabak schenkten. Und in seiner bescheidenen Art freute er sich immer von Herzen, denn auch für unseren Vater war es das Wichtigste, wenn Mutter zufrieden war.

Apfelsinensalat

Dagmar Günther

Schon den ganzen Heiligabend wirbeln Schneeflocken vom Berliner Himmel. Und jetzt fängt es auch noch an zu stürmen. Verzweifelt schaut Grete aus dem Fenster. Zu dumm, dass sie beim Einkaufen gestern die Apfelsinen vergessen haben. Wo sie doch ihrer Schwester Lotte, bei der sie dieses erste Weihnachten im neuen Jahrtausend zu Gast ist, ihren traditionellen Apfelsinensalat versprochen hat.

«War im Wetterbericht nicht davon die Rede, dass das Schneetreiben am frühen Nachmittag nachlässt?», grummelt sie.

«Ach, lass doch, Grete», versucht Lotte einzulenken, «es geht auch ohne den Salat».

«Nein, Lotte», entgegnet Grete, «ohne Apfelsinensalat ist es kein richtiges Weihnachten.» Zum Obst- und Gemüseladen an der Ecke schaffe sie es auch allein. Lotte solle daheim bleiben, da sie ohnehin schon ständig huste.

Entschlossen steigt Grete in ihre warmen Stiefel, wickelt einen dicken Schal um Hals und Kopf, zieht den Wintermantel an und macht sich auf den Weg.

Es ist wirklich unangenehm draußen. Beinahe wäre sie ausgerutscht. Gerade so noch kann sie nach dem Laternenpfahl greifen, um sich festzuhalten. Vorsichtig setzt Grete einen Fuß vor den anderen. Endlich taucht das erleuchtete Schaufenster auf.

«Ach, du meine Güte!», entfährt es ihr, als sie in der Auslage jede Menge unterschiedliche Südfrüchte erblickt. Ja, was hat sie denn gedacht? Grete schmunzelt. Noch so viele Jahre nach der Wende hat sie sich an den Überfluss nicht gewöhnt. Apfelsinen waren früher in der DDR sogar zu Weihnachten mancherorts Mangelware.

Andächtig packt Grete die Früchte in eine Papiertüte. Der freundliche Verkäufer wiegt sie ab und reicht ihr das Wechselgeld herüber. Mit einem «Frohe Weihnachten!» verlässt sie den Laden.

«Nun kann das Fest kommen», sagt sie zu sich selbst und nimmt schwungvoll die Stufe am Ausgang. Sie merkt, wie ihre Beine wegrutschen, dann spürt sie nur noch, wie sie mit dem Kopf auf dem Boden aufschlägt. Ihr wird schwarz vor Augen.

Als sie wieder zu sich kommt, schaut sie in ein erschrockenes Mädchengesicht: «Haben Sie sich weh getan?»

Grete schüttelt den Kopf. «Ich glaube, es ist nicht so schlimm», sagt sie und setzt sich erst einmal hin.

Sie sieht ein paar Kinder, die ihre Apfelsinen einsammeln. «Oje! Das sind bestimmt die Kinder aus den Hinterhäusern», schießt es ihr durch den Kopf. Denen ist nicht zu trauen, hatte Lotte sie gewarnt. Stets drücken sie sich in der Nähe des Ladens herum und würden einem womöglich die Geldbörse stehlen. Instinktiv greift Grete nach ihrer Handtasche. Erleichtert ertastet sie das Portemonnaie.

«Wir sind zwar arm, aber wir klauen nicht», stellt das Mädchen, das sie genau beobachtet hat, gekränkt klar. «Und Ihre Orangen bekommen Sie auch zurück.»

Grete wird knallrot. Das Mädchen ruft die anderen Kinder heran, ein Junge hilft Grete aufzustehen. Und das kleinste Mädchen reicht ihr die Apfelsinentüte.

«Das ist sehr nett von euch.» Grete ist verlegen. Sie schenkt jedem Kind eine Frucht. Es bleiben immer noch genug für den Salat.

«Danke», strahlt die Jüngste.

«Luise, komm! Wir haben deinen Eltern versprochen, pünktlich zurück zu sein, und du willst doch den Weihnachtsmann nicht verpassen», mahnt die Älteste.

Luise winkt Grete noch einmal zu, bevor sie mit den anderen davonrennt.

«An wen erinnert sie mich bloß?», überlegt Grete. «Jenny», dämmert es ihr, «die Kleine sieht aus wie Jenny.»

Jenny bewohnte mit ihren Eltern und ihren Geschwistern Anton und Leo das letzte Gehöft in Gretes Heimatdorf in Mecklenburg. Dahinter kamen nur noch der Park und das Kinderheim im ehemaligen Gutshaus. Grete mochte das aufgeweckte Mädchen. Oft begegneten sie sich im Konsum, wo Jenny am Nachmittag für die Familie einkaufte. So manches Mal hatte sie Oma Grete, wie Grete im Dorf genannt wurde, schon die Tasche nach Hause getragen. Jennys Mutter und ihr Vater waren als Erzieherin und Hausmeister im Kinderheim tätig. Wenn sie abends nach Hause kamen, freuten sie sich, dass der Einkauf erledigt war und wie sehr sie sich auf ihre Älteste verlassen konnten.

Gleich nach der Wende allerdings wurde das Heim geschlossen. Die Erben des ehemaligen Gutsbesitzers, eines strammen Nazis, der nach dem Krieg gen Westen verschwunden war, hatten das Gutshaus zurückgefordert. Sie ließen alles mit einem dichten Zaun absperren. Am Eingang prangte ein Schild *Zu verkaufen!*, und darunter stand, bei welchem Makler man sich melden müsse.

Jennys Eltern wurden also arbeitslos. Sie verließen das Dorf und zogen mit Jenny, Anton und Leo in den Westen. Wohin genau, das wusste Grete nicht. Aber Jenny würde sie nie vergessen, schon wegen eines ganz bestimmten Heiligabends. Es muss drei oder vier Jahre vor der Wende gewesen sein. Im Konsum im Dorf traf die ersehnte Apfelsinenlieferung ein. Wie schon in den vergangenen Jahren gab es eine Frucht pro Familienmitglied. Obwohl es kalt war und sich eine Schlange vor dem Laden gebildet hatte, beschloss Grete, sich anzustellen – auch wenn sie nur eine einzige Apfelsine bekommen würde. Sie aß sie einfach zu gern. Außerdem stand da ganz verfroren schon Jenny und winkte ihr zu. Gemeinsames Warten würde die Zeit verkürzen. Jenny schwatzte munter drauf los.

Als sie als Letzte an der Reihe waren, wusste Oma Grete, dass es bei Jenny an dem Tag Kartoffelsalat und Würstchen gab und welche Lieder und Gedichte sie und ihre Geschwister dem Weihnachtsmann vortrugen. Strahlend nahm Jenny eine Tüte mit fünf Apfelsinen entgegen. Grete steckte ihre eine in die Manteltasche. Sie bezahlten und verließen gemeinsam den Konsum.

«Jetzt muss ich mich aber beeilen», rief Jenny und wollte über die Straße rennen.

«Jenny, pass auf!», schrie Grete, denn ein Lkw raste heran.

Jenny stoppte. Die Apfelsinentüte entglitt ihr. Die Früchte rollten auf die Straße. Vier wurden vom Laster zerquetscht, nur eine blieb verschont.

Grete fischte sie aus dem Rinnstein. Sie legte den Arm um das kreidebleiche Mädchen. Beide kehrten in den Laden zurück. Dicke Tränen kullerten über Jennys entsetztes Gesicht. Die Verkäuferin Sabine, die alles durchs Schaufenster gesehen hatte, legte ihre eigene und die für ihren Ehemann bestimmte Apfelsine auf den Ladentisch. Grete tat die aus dem Rinnstein gerettete und die ihrige dazu. Sabine packte alle vier in eine neue Tüte.

Jennys Gesicht hellte sich auf. «Vielen Dank», stammelte sie. Auch wenn Jenny selbst jetzt keine Apfelsine abbekam, sprang sie erleichtert davon.

Vor Gretes Haustür wartete ungeduldig der Postbote. «Grete, na endlich, ich wollte schon weggehen, aber du solltest vor Weihnachten doch noch dein Westpaket bekommen», verkündete er.

«Das kann ich ja gar nicht wiedergutmachen», bedankte sich Grete. Das Paket war von ihrer Schwester Lotte aus Westberlin. Die schickte ihr immer Schokolade, Kaffee, Puddingpulver, Zahnpasta, Seife und Parfüm. Das Wenigste behielt Grete für sich selbst, sie machte viel zu gern Geschenke.

Diesmal allerdings war der Karton besonders schwer. In der Wohnung öffnete sie ihn. Obenauf lag ein Brief:

> *Liebe Grete! Dieses Weihnachten musste ich mir etwas anderes einfallen lassen. Weil ich sehr erkältet bin, habe ich es nur zum Obst- und Gemüsehändler in der Nähe geschafft. Aber ich weiß ja, wie gern du Apfelsinen isst. Ich hoffe nur, dass es während ihres Transportes nicht zu kalt wird, denn Frost mögen sie gar nicht. Fröhliche Weihnachten! Deine Lotte.*

Grete war platt. Was für eine Überraschung! Doch so viele Früchte würde sie unmöglich allein verdrücken können. Sie hatte eine Idee. Sie packte die Apfelsinen in das Paket zurück, bis auf die schönste, die steckte sie in ihre Manteltasche. Aus dem Keller holte sie ihr Fahrrad und schnallte den Apfelsinenkarton auf dem Gepäckträger fest.

Wie gut, dass die Straße schon vom Schnee geräumt war. Vorsichtig radelte Grete los. Am letzten Bauerngehöft vor dem Gutshof hielt sie an. Sie läutete und hoffte auf jemand Bestimmtes.

Und wirklich, Jenny kam heraus: «Oma Grete, was machst du denn hier? Ich dachte schon, es wäre der Weihnachtsmann.»

«Der bin ich nicht», schmunzelte Grete, «aber mitgebracht habe ich dir trotzdem etwas.» Sie drückte Jenny die schönste ihrer Apfelsinen in die Hand.

«Danke, wo hast du die denn her?», fragte Jenny leise.

«Vom Weihnachtsmann», flüsterte Grete. «Aber jetzt muss ich weiter.»

Sie brauste mit dem Rad davon, Jenny winkte ihr lange hinterher.

Ein wenig außer Atem traf Grete auf dem Gutshof ein und stellte das Fahrrad ab. Durch den Seiteneingang schlich sie mit dem Apfelsinenkarton in die Gutshausküche. Dort war Berta eifrig am Arbeiten.

Natürlich, wer sonst, dachte Grete. Berta hatte keine Familie und verbrachte die meiste Zeit bei den Heimkindern. Grete tippte ihr von hinten auf die Schulter.

«Mensch Grete, hast du mich erschreckt», schimpfte Berta. «Aber was, um Himmels willen, treibt dich am Heiligabend hierher?»

«Wie viele Kinder sind heute hier?», fragte Grete zurück.

«Neunzehn, wieso fragst du?»

«Mist, dann reichen meine Apfelsinen nicht für alle.» Grete war enttäuscht.

Aber Berta jubelte: «Dich schickt der Himmel. Gerade habe ich überlegt, was ich den Kindern zum Nachtisch bereiten könnte.»

«Schöner Nachtisch. Sie reichen nicht», wiederholte Grete.

«Kein Grund zur Sorge», entgegnete Berta, «wir zaubern einen Apfelsinensalat.»

Flugs suchte sie die Zutaten zusammen: Zucker, Zitrone, ein paar Mandelsplitter, Rosinen und Äpfel. Es wurde der schönste Salat ihres Lebens.

Noch immer ist Grete gerührt, wenn sie sich an die leuchtenden Kinderaugen erinnert. Und Apfelsinensalat gehört seit der Wende für sie zu Weihnachten wie das Christkind oder der Weihnachtsmann.

***

«Ach, du meine Güte!» Gedankenverloren ist Grete beinahe am Wohnhaus ihrer Schwester vorbeigelaufen. Vorsichtig erklimmt sie die drei Stufen zum Eingang. Bloß nicht noch einmal ausrutschen, denkt sie und klammert sich mit der rechten Hand am Geländer fest. Die Apfelsinentüte hat sie sich unter den linken Arm geklemmt.

«Können wir Ihnen helfen?», fragt jemand hinter ihr.

«Nicht nötig, ich schaffe das schon», murmelt Grete. Mit klammen Fingern kramt sie den Haustürschlüssel aus der Handtasche und schließt auf. Als sie sich umdreht, stehen der Weihnachtsmann und das Christkind vor ihr. Vor Schreck rutscht ihr die Apfelsinentüte weg.

«Hoppla, das wäre beinahe schiefgegangen!» Der Weihnachtsmann ergreift die Tüte im Flug und reicht sie der verdutzten Grete. Dann schiebt er ihr die schwere Haustür auf.

«Wir wollten Sie nicht erschrecken», entschuldigt sich das Christkind. Und während es Grete ansieht, werden seine

Augen plötzlich immer größer. «Oma Grete? Na, das ist ja eine schöne Bescherung!»

«Kennen wir uns?», fragt Grete ungläubig.

«Und ob, schließlich haben wir uns immer im Konsum getroffen», hilft das Christkind ihr auf die Sprünge.

«Jenny! Ich fasse es nicht, gerade habe ich an dich gedacht.»

Grete ist ganz ergriffen, als Jenny ihr um den Hals fällt.

«Komm jetzt, Jenny», drängt der Weihnachtsmann, «wenn wir schon nicht so viele Geschenke haben, sollen unsere Luise und die Nachbarskinder wenigstens nicht noch länger warten müssen.»

Jenny kritzelt ihre Anschrift und die Telefonnummer auf einen Zettel und steckt ihn in die Apfelsinentüte. «Damit wir uns nicht wieder verlieren, Oma Grete! Und schau gern mal vorbei», sagt sie und eilt dem Weihnachtsmann hinterher.

Krachend fällt die Haustür ins Schloss. Grete steigt die Treppe zur Wohnung ihrer Schwester hinauf.

«Grete, da bist du ja endlich», empfängt Lotte sie erleichtert. «Ich habe mir schon Sorgen gemacht.»

In der Küche stehen bereits die Zutaten für den Apfelsinensalat. Und während die Schwestern gemeinsam die Apfelsinen schälen, erzählt Grete ihre unglaubliche Einkaufsgeschichte.

Drei kleine Instrumente

Kim Höpfner

Na toll! Anstatt mir mit der Tanne zur Seite zu stehen, verdünnisiert sich mein werter Herr Gemahl mit unserem Sohnemann nach draußen zum Schlittenfahren. Dabei hat er mir versprochen, beim Baumschmücken zu helfen, und wir wollten endlich über das Geschenk für Ben sprechen.

«Mmmmpf!», brumme ich und gehe ins Wohnzimmer zurück. Wieder bleibt alles an mir hängen. Ich höre es knallen, die Tür ist zu.

Zumindest die Lichterkette hat er angebracht. Die sieht ganz gut aus. Ich gehe zum Esstisch, auf dem der Christbaumschmuck verteilt liegt, und suche die Schachteln mit den Kugeln.

Da gerät mir eine kleine rote Dose in die Finger. Wo kommt die her? Neugierig öffne ich sie. Zuoberst liegt ein cremefarbener Bogen Briefpapier, auf dem in schwarzer Tinte *Für Maria* steht. Für mich? Muss wohl ein sehr altes Weihnachtsgeschenk sein, wenn ich mich nicht daran erinnere. Die Buchstaben sehen handgeschrieben und auf diese Art und Weise alt aus, wie man sie in alten Folianten findet. Unter dem Papier liegen auf weißer Watte, die wie Schnee aussieht, drei kleine Musikinstrumente, jedes mit einem goldenen Bändchen zum Aufhängen: ein Saxophon, eine Gitarre und eine Trommel. Sie sind aus kristallklarem Glas gemacht und fühlen sich kalt wie Eis an. Hübsch sehen sie aus.

Verzückt hänge ich die Instrumente in den Baum und gehe zum Esstisch zurück. Als ich eine rote Kugel in die Hand nehme, höre ich plötzlich *Brown Sugar* von den Rolling Stones, eines meiner Lieblingslieder. Irritiert schaue ich zur Musikanlage. Sie ist aus. Aber wo kommt die Musik her? Mein Blick fällt auf den Weihnachtsbaum. Drei kleine Instrumente tanzen auf und ab! Das kann nicht sein. Ich reibe mir die Augen, aber sie bewegen sich immer noch. Sie sind auch nicht mehr aus Glas, sondern aus Messing und dunklem Holz. Als das kleine Saxophon mich sieht, lässt es seine Klappen nacheinander auf- und zugehen, sodass die anderen verstummen. Sechs Knopfaugen mustern mich gespannt.

«Hallo, Maria», tönt das Saxophon.

Mir verschlägt es die Sprache. Träume ich?

«Nein, du träumst nicht», sagt das Saxophon. «Wir wurden zu dir geschickt, um dir bei deinem Problem zu helfen.»

Bei meinem Problem? Ich räuspere mich und frage: «Wer hat euch geschickt?» – Das gibt's doch nicht! Ich spreche mit einem Musikinstrument.

Dieses Mal antwortet die kleine Gitarre: «Wir dürfen dir nicht sagen, von wem wir kommen.» Sie spielt ihre Saiten nacheinander kurz an und fährt fort: «Ben wünscht sich ein Saxophon zu Weihnachten, nicht wahr?»

«Ja», entgegne ich verblüfft. Darüber wollte ich mit Michael sprechen. Ben schwärmt heimlich für eine ältere Mitschülerin, und seitdem er Sonja beim Schulkonzert auf ihrem Saxophon spielen gehört hat, ist er total begeistert und möchte das auch lernen.

«Und jetzt bist du unsicher, ob du ihm diesen Wunsch

erfüllen sollst, weil du befürchtest, dass das nur eine vorübergehende Laune von ihm ist», meldet sich die kleine Trommel zu Wort. Eines ihrer Stöckchen tanzt kurz über das Schlagfell.

Das stimmt. Ben hat an Fußball und Judo nämlich nur kurze Zeit Gefallen gefunden.

«Woher wisst ihr das alles?»

«Der, der uns geschickt hat, weiß alles», erwidert das Saxophon knapp und fragt kess weiter: «Aber sollten nicht Kinder ihre eigenen Erfahrungen machen? Entweder ihm liegt das Saxophonspielen nicht oder er wird vielleicht sogar einer der besten Saxophonisten.»

Nachdenklich rolle ich die rote Kugel in der Hand. «Ich … Das heißt, mein Mann und ich möchten ihm gerne diesen Wunsch erfüllen, aber der Musikunterricht ist teuer, ganz zu schweigen von dem Instrument», rechtfertige ich mich und hänge die Kugel an den Baum.

Nachdem Michael wegen der Wirtschaftskrise seinen Job verloren hat, ist kein Geld für besondere Wünsche übrig, denke ich betrübt. Die Weihnachtsgeschenke dieses Jahr werden bescheiden ausfallen, Bens enttäuschtes Gesicht mag ich mir nicht ausmalen.

Da stößt das Saxophon einen tiefen Ton aus. «Wir möchten euch einen Vorschlag machen», beginnt es. «Wie wäre es, wenn ihr Ben für einen Schnupperkurs anmeldet? Ich glaube …», grübelt es und kratzt sich mit dem Mundstück am Korpus, «… so ein Kurs dauert vier Wochen, beinhaltet also vier Stunden.»

Na klar, das ist es! Trotzdem wende ich ein: «Bis Weihnachten sind es nur noch vier Tage. Jetzt kriege ich nichts mehr organisiert.»

Entmutigt hole ich eine weitere Kugel vom Esstisch.

Die Trommel wirbelt einmal um ihre eigene Achse. «Ruf einfach morgen in der Musikschule an», dröhnt sie. «Du wirst sehen, dort ist ein Platz frei.»

Ich nicke und verkneife mir die Frage, woher sie das weiß.

«Und wenn Ben sein ganzes Taschengeld für Musikstunden ausgeben will, weißt du, dass er Spaß am Saxophonspielen hat», bemerkt die Gitarre fröhlich. Die anderen jubeln an ihren Ästen, sodass die Tanne bedrohlich wackelt.

Schön und gut, überlege ich in Gedanken, aber zum Spielen braucht er ein Instrument, ohne wird es kaum funktionieren.

Auf einmal knallt die Tür wieder. Aha, meine Männer sind wieder da!

«Psst!», flüstere ich den Instrumenten zu. Zwei von ihnen hängen schon zurückverwandelt in Glas an der Tanne. Das dritte aber liegt als echtes Saxophon goldschimmernd unterm Weihnachtsbaum.

Flüchtlingsweihnachten

Hille Lux

Wir waren Flüchtlinge. Barmherzige Menschen gaben uns zu essen und eine erste Unterkunft. Zusammengepfercht mit vielen anderen lagen wir in einer Scheune in Eutin auf Stroh.

Wir hatten den Zweiten Weltkrieg überlebt.

Als ich Kind war, und das ist schon gefühlte zweihundert Jahre her, rannte ich mit einem verbeulten Zinkeimer in der Hand in ausgelatschten Schuhen und Hochwasserhosen durch Schneematsch hinter Kohlenwagen her, die von dicken Ackergäulen gezogen wurden. Wenn er durch Schlaglöcher rumpelte, fielen manchmal ein Brikett oder eine Handvoll Eierkohlen vom Wagen. Wie Geier auf ein Aas stürzten sich dann mit mir mindestens zehn Jungen darauf, und wir prügelten uns so lange darum, bis einer als Sieger aus dem Getümmel hervorging und das kostbare Heizmaterial triumphierend einsackte. Allerdings war ich nie der Glückliche. Mir blieb nichts anderes übrig als weiterzurennen, um im Wald Tannenzapfen und kleine Äste zu sammeln. Damit erwärmte sich die Stube im Winter zwar auch, aber es hielt längst nicht so lange vor wie mit Kohlen.

Wir hausten damals in einer windschiefen Baracke mit zwei Räumen am Rande von Malente in der Nähe der

Halbinsel Ohlenhof, die ihre Landzunge in den Kellersee ausstreckte. Wir, das waren Vater, Mutter, meine neunjährige Zwillingsschwester Karla und ich, der Karl.

Karla und ich sahen nicht wie Geschwister aus, schon gar nicht wie Zwillinge. Ihr Vollmondgesicht umspielten kurze rotblonde Locken, und um ihren kleinen stämmigen Körper schlotterte meistens ein zu großer lila Rollkragenpullover.

Dagegen hatte ich im letzten Jahr einen erheblichen Schuss in die Höhe gemacht und musste mein ständig fettendes schwarzes Haar jeden zweiten Tag mit Kernseife im Zuber waschen. Man hatte mir in der Schule den Spitznamen «Klappergespenst» gegeben, weil ich so dünn war. Hinter Karla riefen die Kinder «Posaunenengel» her.

Ach, die Schule. In der Warteschlange, wenn wir auf die Schulspeisung warteten – dicke Schokoladenpampe in Kochgeschirr –, mussten wir uns ganz hinten anstellen.

«Flüchtlinge ans Ende der Reihe!», kreischten die gutgenährten Bauernjungen aus dem Umland, die nicht so aussahen, als hätten sie Schulspeisung nötig, und schubsten uns auf die Plätze, die uns ihrer Meinung nach zustanden. So war es für Karla und mich eine Erlösung, wenn die Glocke zum Schulschluss bimmelte.

«Komm, Karla!» Ich zerrte sie dann so schnell aus ihrer Bank, dass sie kaum ihre Hefte und zerfledderten Bücher, Erbstücke von Schülern des vorherigen Jahrgangs, in einen löchrigen grauen Stoffbeutel stopfen konnte und wir hinausstolperten.

Hinter uns ertönte häufig ein Singsang von vielen Kinderstimmen: «Posaunenengel! Klappergespenst!» Die Kinder johlten.

Am Marktplatz neben der Schule lag die Backsteinkirche, in der Pastor Kauser jeden Sonntag den Gottesdienst abhielt.

Seit kurzem hatte dort in der Nähe auch schon wieder ein Laden eröffnet, in dessen Schaufenster Waschpulver, Papierservietten, Nägel, Geschirrtücher, Kaffeepulver und erstes Spielzeug angeboten wurde. Neben einer Puppe aus hellem Zelluloid im gelben Strickkleid, einem roten Ball und einem Holzbaukasten mit braunen Klötzen zuckelte eine schwarze Lokomotive mit angehängtem Kohlentender und zwei dunkelgrünen Personenwagen auf schmalen Schienen durch eine Papplandschaft. Eine kleine Mühle drehte auf einem Hügel unermüdlich ihre Flügel. An einer rotweißen Schranke kurbelte ein Schrankenwärter aus Bakelit mit roter Schirmmütze. Eine dicke blonde Frau, auch aus Bakelit, die eine blaue Schürze vor ihrem mächtigen Bauch trug, erntete aus Papierkügelchen gefertigtes Gemüse, Rotkohl, Gurken und Tomaten, mit dem ihr Henkelkorb voll war.

Dort an der Scheibe des Ladens drückten Karla und ich uns jeden Tag nach dem Unterricht einige Minuten die Nasen platt, seufzten und verfolgten die Eisenbahn mit sehnsüchtigen Blicken, ehe wir uns auf den halbstündigen Heimweg machten.

Die Zaunpfähle, kahlen Bäume und wenigen Häuser, an denen wir vorbeigingen, trugen putzige Schneehauben, Krähen hinterließen ihre Spuren in der weißen pulverigen Decke und flogen mit hungrigem «Kra, kra, kra!» auf, wenn wir uns näherten. Pirlipausen, die dicken spitzen Eiszapfen, hingen von den Vordächern. Wenn wir sie entdeckten, deuteten wir auf sie und sangen: «Vor unserem Hause hängt 'ne Pirlipause, wenn die liebe Sonne scheint, unsere Pirlipause weint.» Dabei knufften wir uns gegenseitig mit den Ellenbogen in die Rippen und lachten.

Endlich daheim vor der Barackentür, stampften wir uns den Schnee von den Schuhen. In dem dünnen Leder und den dünnen Strümpfen schmerzten die Zehen schon von der Kälte. Drinnen in der Wärme nahmen das Kribbeln und Brennen noch zu.

Wir setzten uns auf einen dicken kurzen Baumstamm, den Vater als Bank hereingerollt hatte, und zogen Schuhe und Strümpfe aus. An einem Tag Ende Dezember salbte Mutter uns die verfrorenen Zehen mit Schweineblase, die ihr Schlachter Wilckens, der am Ende der Friedrichstraße sein Geschäft eröffnet hatte, beim letzten Einkauf für solche Zwecke geschenkt hatte. Das half, die wehen Füße zu beruhigen, denn übermorgen war Weihnachten.

Am Heiligabend hockten wir vier auf Kisten um eine kleine Tanne herum, die Vater aus dem Wäldchen am Brückensteg geholt hatte. Jetzt stand sie, in einem rostigen Kanister befestigt, zwischen uns. Mutter hatte sie mit Stanniolstreifen geschmückt. In dem silbrigen Papier war die Schweineblase eingewickelt gewesen. Mutter hatte es abgewaschen, in Streifen geschnitten und als Schmuck an die Tanne gehängt.

Derweil knisterten im Eisenofen das von mir gesammelte Brennholz und die Kiefernzapfen. Gerade wollte Vater mit seiner sonoren Stimme *O Tannenbaum* anstimmen, als es zaghaft an der Barackentür klopfte. Vater erhob sich und öffnete. Herr und Frau Hassler standen im Schneegestöber und traten verlegen von einem Fuß auf den anderen.

Hasslers waren Einheimische und wohnten vorne an der Durchgangsstraße neben Bäcker Haberkamp in einem gelben Klinkerhaus. Manchmal hatten sie Karla und mir durch die Fensterscheibe zugewinkt, wenn wir von der Schule vorbeigingen. Sie trug eine Tasche in der Hand, er einen Karton unter dem Arm.

«Dürfen wir hereinkommen?», fragten sie.

Vater lächelte. «Natürlich.» Er trat beiseite.

Sie klopften sich den Schnee von den Mänteln, schoben sich in die Stube und schauten sich schüchtern um.

Mutter stand auch auf. «Legen Sie ab.» Sie nahm Hasslers Mäntel und trug sie zu einem dreibeinigen Stuhl, der mit Ziegelsteinen abgestützt war.

Ich sprang hoch und schob noch zwei Kisten für Hasslers heran, auf die sie sich setzten, und wir setzten uns auch wieder. Frau Hassler zog Butterbrotpapier aus ihrer Tasche und legte jedem ein Stück davon auf den Schoß. Dann langte sie noch einmal in ihre Tasche, holte eine Kuchenform mit einem zerschnittenen Topfkuchen heraus und reichte sie herum.

«Nehmen Sie.» Jetzt lachte sie. «So viel Sie wollen.» Anschließend holte Frau Hassler noch Streichhölzer und eine dicke rote Kerze hervor, stellte sie auf den Fußboden und zündete sie an. «Frohe Weihnachten.»

Wir ließen uns das nicht zweimal sagen, griffen zu und stopften uns die Backen voller Kuchen. Mmmh, Rosinenkuchen! Der schmeckte lecker und duftete süß!

In der Zwischenzeit hatte Herr Hassler den Karton auf die Dielen gestellt und geöffnet. Ganz vorsichtig zog er daraus nach und nach schmale Schienen hervor, eine rote Lokomotive mit angehängtem schwarzen Kohlenwagen und zwei gelbschwarze Personenwagen, dazu kleine Bakelitmänner und -frauen.

Karlas und meine Augen wurden immer größer. Auch Mutter und Vater verschlug es die Sprache.

«Für euch.» Hasslers strahlten, aber ihre Augen füllten sich auch mit Tränen.

«Von unserem einzigen Sohn Michael.» Herr Hassler schluckte. «Er war siebenundzwanzig, als er bei der Invasion der westlichen Alliierten im Juni 1944 in der Normandie bei Cherbourg gefallen ist.»

Karla warf ihre Arme um Frau Hasslers Hals und küsste sie auf ihre faltige Wange, ich ergriff Herrn Hasslers Hand und stotterte: «D-danke, danke …»

Anschließend konnten wir kein Weihnachtslied mehr singen, sondern schluchzten nur und drückten uns alle.

Michael hatte den Zweiten Weltkrieg nicht überlebt. Wir durften nun an seiner Stelle hier bei Hasslers ankommen – bei barmherzigen Menschen.

Kennt ihr die Stadt?

Peter Schneiderhan

Ein sanfter Wind zupfte an den Ästen der Tanne, die bis zum Straßenpflaster reichten, und ließ den mächtigen Baum graziös wie eine Primaballerina auf der Stelle tanzen. Die Weihnachtstanne wuchs aus der Mitte des kleinen quadratischen Marktplatzes in die Höhe und erreichte fast die Giebel der säumenden Häuserzeilen. Aus der goldenen Kugel, die ihre Spitze krönte, flossen Lichterketten wie Gebirgsbäche.

Die Abenddämmerung legte sich über das Städtchen und brachte die Wolken zum Glühen. Und während die Menschen über den Weihnachtsmarkt gingen, fiel der erste Schnee des Jahres und überzog die Hütten mit feinstem Zuckerguss.

Die Jagdhornbläser standen wie eingeschneite Riesenzwerge vor der Tanne. Als der Bürgermeister würdevoll nickte, erwachten sie aus ihrer Starre, setzten die Instrumente an, spielten *Alle Jahre wieder*, und die Menschen sangen oder summten leise mit.

Nach dem Applaus teilte sich die Bläsergruppe, um den Bürgermeister für seine Eröffnungsansprache in ihrer Mitte aufzunehmen. Doch ehe dieser seinen Rednerplatz einnehmen konnte, teilten sich die Äste hinter den Bläsern wie die Flügel eines Tores, und eine Schafherde quoll aus der

Weihnachtstanne, die sich sogleich blökend unter die Marktbesucher mischte. Die Jagdhornbläser schauten den Bürgermeister fragend an. Ratlos zuckte er mit den Achseln.

«So eine Überraschung», sagte eine ältere Frau erfreut und streichelte ein Schaf. Ihr kleiner Enkelsohn kniete nieder und umarmte ein Lamm, das seine Nähe suchte.

Das Stadtoberhaupt trat ans Mikrophon, die Menschen verstummten und richteten erwartungsvolle Blicke nach vorne. Über das Antlitz des Bürgermeisters huschte ein sanftes Lächeln. Dann öffnete er den Mund, um endlich seine Rede zu halten.

Doch im selben Augenblick öffneten sich auch die Äste der Weihnachtstanne, und ein kleinwüchsiger alter Mann trat aus dem Grün heraus. Die Jahre hatten offensichtlich tiefe Furchen in sein wettergegerbtes Gesicht gegraben, doch seine Augen blitzten jung und frisch. Er trug einen knöchellangen fadenscheinigen Mantel und einen verbeulten Hut. Seine rechte Hand umklammerte einen Stab, der ihn weit überragte, in der linken hielt er eine Laterne, in der ein winziges Flämmchen züngelte.

«Ist das Robin Hood, Omi?», fragte der Junge in die Stille hinein und drückte das Lamm an seine Brust.

«Wohl eher ein Landstreicher», murmelte die Großmutter. Dabei traf sie der freundliche Blick des Alten, und sie errötete. «Oder doch der Hirte dieser Schafherde?»

Der alte Mann reichte dem sprachlosen Bürgermeister Hirtenstab und Laterne. Dann griff er nach der Flöte in seiner Manteltasche und spielte eine Melodie aus einer fernen Zeit, eine Melodie, die jeder, der sie hörte, nie wieder vergaß. Und während er musizierte, schien der Weihnachtsstern, der auf die Olivenholzflöte aufgesetzt war, ein klein wenig zu leuchten.

Nachdem der Hirte sein Spiel beendet hatte, blickte er rundum und fragte mit kräftiger Stimme: «Kennt ihr die Stadt? Kennt ihr die Stadt, in der das Kind geboren wurde?»

Die Melodie schwang noch immer in den Herzen der Menschen, und niemand gab die naheliegende Antwort.

«Bethlehem», flüsterte der Bürgermeister nach einer Weile. Der Alte nickte und lächelte.

Er nahm seinen zerschlissenen, prall gefüllten Rucksack vom Rücken, ging über den Platz und fragte immer wieder: «Kennt ihr die Stadt?»

Dabei blickte er den Menschen tief in die Augen und schenkte jedem eine kleine Sternenflöte.

«Kennst du die Stadt?», fragte er auch die ältere Frau. Sie lächelte verlegen und bedankte sich für die Flöte. Nachdenklich betrachtete sie den winzigen Weihnachtsstern und strich mit dem Finger über den zarten Schweif. Und als sie wieder aufblickte, legte sie dem Hirten ihren selbst gestrickten Schal um den Hals und verknotete ihn. In der Zwischenzeit spielten die Leute, die bereits eine Flöte geschenkt bekommen hatten, verschiedene Melodien, und auf dem Marktplatz entstand aus den einzelnen Liedern ein fröhlich klingendes Durcheinander.

Der Alte ging in die Hocke und streichelte das Lamm, das der Junge noch immer fest umschlungen hielt. Als das Muttertier näherkam, befreite sich das Lämmchen aus der Umarmung und lief zu dem Schaf.

«Kennst du die Stadt?», fragte der Alte den Jungen leise und rückte dessen Mütze zurecht.

«Sind das alles deine Schafe?», fragte der Junge, und der Alte nickte. «Und du bist ein echter Hirte?»

Noch einmal nickte der alte Mann und flüsterte: «Seit

über zweitausend Jahren. Aber das darfst du niemandem verraten. Versprochen?»

Er legte den Zeigefinger über den Mund, und der Junge tat es ihm gleich.

Dann blickte der Hirte den Jungen durchdringend an und wiederholte seine Frage: «Kennst du die Stadt?»

Der Junge hielt dem Blick stand und antwortete hell und klar wie das Glöckchen des Lamms: «Natürlich kenne ich die Stadt, in der das Kind geboren wurde. Es ist unsere Stadt.»

Er deutete auf eine junge Frau, die ihr Baby ganz eng am Körper unter einer dicken Daunenjacke trug. Sie betrat soeben den Weihnachtsmarkt durch das eiserne Tor und wurde von ihrem Mann begleitet.

«Und da ist auch das Kind. Meine Schwester Anna», sagte der Junge stolz.

Der Hirte richtete sich wieder auf und schenkte dem Jungen die letzte Sternenflöte.

Längst war die Dämmerung in Dunkelheit übergegangen, in die Lichterketten und Kerzen und Schnee eine schöne Weihnachtsstimmung zauberten. Und die goldene Kugel auf der Tanne strahlte geheimnisvoll wie ein neuer Stern.

Der Hirte nahm die Laterne und stellte sie so auf den Platz, dass sich alle Menschen um sie scharen konnten. Er bat die kleine Familie zu sich, und Ruhe trat auf dem Platz ein. Auch das Lämmchen folgte, und der Junge nahm es auf den Arm und drückte es an sich.

Der Alte lächelte, führte seine Sternenflöte zu den Lippen und begann, noch einmal seine Melodie zu spielen. Das winzige Flämmchen in der Laterne flackerte nun etwas stärker.

Nach und nach setzten auch die Marktbesucher ihre Flöten an. Wie von selbst tanzten die Finger über die Instrumente, und bald leuchteten alle Weihnachtssternchen.

Mit jedem weiteren Flötenspieler wuchs das Flämmchen in der Hirtenlaterne, bis es schließlich aus der Laternentür loderte und Wärme schenkte.

Nach einer Weile rief der Hirte seine Herde zu sich, und die Flamme wurde kleiner. Als das Feuer erloschen war, berührte er die Stirn des neugeborenen Mädchens und murmelte: «Ich wünsche dir einen glücklichen Weg.»

Dann ergriff der alte Mann die Laterne und bat den Bürgermeister um den Hirtenstab.

«Du willst uns schon verlassen? Bleib doch noch und sei mein Gast. Und deine Schafe kannst du gewiss bei einem unserer Bauern für ein, zwei Nächte unterbringen», sagte der Bürgermeister.

Doch der Hirte schüttelte den Kopf und erwiderte: «Ich danke dir. Aber ich muss weiterziehen. Es gibt noch so viel zu tun …»

«Ich begleite dich bis zum Tor. Danke, dass du auch uns besucht hast.»

Noch einmal streichelte der Junge das Lamm, setzte es auf den Boden und flüsterte: «Tschüs, Lämmchen. Und pass auf dich auf.» Das Lamm rieb seinen Kopf am Bein des Jungen, ehe es zu seiner Mutter sprang.

Am eisernen Tor umarmten sich Bürgermeister und Hirte.

«Während des Flötenspiels war mir, als hätte sich die goldene Kugel auf unserer Weihnachtstanne in den wegweisenden Stern der Könige verwandelt und sein Schweif sich schützend über unsere Stadt gelegt.»

«Das Wunder geschieht eben überall, wenn man es nur lässt», antwortete der Hirte und machte sich auf den Weg.

Gans oder gar nichts

Martina Tischlinger

«Ach, nicht schon wieder Gans!»

Sebastian verzieht gequält das Gesicht und unterstützt damit ungewollt meinen geheimen Plan, dieses Jahr von unserem traditionellen Weihnachtsessen abzuweichen. Mir schwebt etwas Leckeres, aber Leichtes vor. Die Butterkekse, Marzipankartoffeln, Spekulatiuskekse und Haselnussmakronen hinterlassen nämlich schon jetzt deutlich Spuren – meine Jeans kneift im Bund. Fisch und Gemüse stelle ich mir vor, ja, genau das wäre mein Geschmack. Mein fünfzehnjähriger Sohn rümpft die Nase, zeigt sich dann aber kooperativ. Solange der Fisch rechteckig und paniert ist, ist er dabei.

Bester Laune decke ich ein paar Tage später den Frühstückstisch und zünde die zweite Kerze am Adventskranz an. Meine Familie trudelt nach und nach und in unterschiedlicher Aufmachung in der Küche ein. Sebastian trägt seine Basketballkappe mit dem Schirm nach hinten, Susanne ihr Lieblings-T-Shirt, von dem mich Justin Bieber mit Schlafzimmerblick anschaut (na ja, es könnte schlimmer sein), Anna tappt mit ihrem Kuschelelefanten herein, und mein Mann hat kleine Pflaster vom Rasieren im Gesicht. Wir plappern uns gegenseitig wach. Ganz nebenbei spreche ich unser Weihnachtsmahl an, doch meine pubertierende Tochter fängt sofort zu meckern an: «Mama, bloß keine Gans! Du weißt doch, dass ich mich vegan ernähre!» Rabenmutter! Susanne ist völlig empört.

Diese Änderung ihrer Essgewohnheit ist mir völlig neu, und weiß *sie* nicht, dass die Milch für ihr Knuspermüsli von der Kuh kommt? Aber ich schweige lieber, denn dreizehnjährige Mädchen können schnell in die Luft gehen wie Silvesterraketen, außerdem kommt mir ihre ablehnende Reaktion ja genau zupass. Susanne findet uns Eltern derzeit sowieso reichlich schwierig. Abgesehen davon werde ich gegen Smoothies und Möhrensticks, die im Moment wie Gold bei ihr im Kurs stehen, ganz bestimmt nichts einwenden.

Ich sehe die Essensfrage für die Feiertage schon geritzt, da macht unser Nesthäkchen Anna: «Quak, quak, quak, lecker!»

«Na bitte!», sagt mein Mann. «Mein kleines Mädchen hat halt Geschmack, ganz der Vater.»

Moment mal, begehre ich innerlich auf, darf die süße Maus denn auch schon mitschnabeln? Da fährt er gut gelaunt fort: «Und bitte Blaukraut und Klöße zum Gänsebraten.» Die aufkeimende Meuterei seiner pubertierenden Brut ignoriert er.

«Och nee, Papa! Blaukraut ist doch voll out! Ich will Burger und Pommes!» Sebastians Geschmacksknospen haben sich seit längerem auf Fast Food eingeschossen.

Und Susanne bricht fast in Tränen aus. «Denkt doch an den armen Vogel!»

Ich schaue meinen Mann scharf an. Spielverderber – wo Lachssteak doch so lecker wäre! Außerdem steht es 3:2 gegen das Geflügel. Doch Papa gibt nicht so schnell auf. Und in Ermangelung weiterer Fürsprecher muss Oma ran. Die soll entscheiden. Entschlossen greift er zum Telefon.

Gespannt warten wir das Ergebnis ab. Und als hätte ich es geahnt, hebt mein Göttergatte selbstzufrieden den Daumen. «Weihnachten ohne Gans geht gar nicht!», verkündet er Großmutters Urteil. Oma, das Zünglein an der Waage.

Unentschieden.

Schweigend schlürfen wir Kaffee, Smoothie und Kakao. Still grinse ich in mich hinein. Denn, meine Lieben, eins steht fest: Das letzte Wort hat Mama, denn wer kocht, der bestimmt!

Bis auf weiteres wird das heikle Thema Gans totgeschwiegen.

Eine Woche später, es brennt die dritte Kerze am Adventskranz, finde ich Rezeptvorschläge von Susanne auf dem Küchentisch, die zum Beispiel *Rote-Bete-Carpaccio* und *Maronen-Gnocchi* lauten. Und ich muss gestehen, auch an *Beschwipster Birne mit Schokoladenguss* könnte ich durchaus Gefallen finden. Sebastian tippt sich an die Stirn. Wenn, dann könne er sich zu Gänsebrust-Mozzarella-Pizza hinreißen lassen. Mein Mann zieht eine Augenbraue hoch, und Anna macht: «Quak, quak, quak!»

Als ich in den kommenden Tagen überlege, neben dem umstrittenen Federvieh Hackfleischburger und Gemüsebratlinge zu servieren, ertappe ich doch just das «vegane Kind» auf dem Weihnachtsmarkt mit einer Bratwurst! Susanne isst Fleisch? Die nächste Tochter, die mir in den Rücken fällt. Doch kurz vor dem vierten Advent wendet sich das Blatt erneut. Oma ruft an und ist schier verzweifelt: Die Galle zwickt. Der ärztliche Rat: kein Fett!

Schwupps ist die Gans vom Tisch, adieu!

Und ich weine ihr keine Träne nach.

Aber dann geht das Hin und Her ums Weihnachtsessen wieder los. Keinen Schnabel soll es haben, keine Flossen.

Keinesfalls darf es mit den Augen vom Teller gucken! Ich will es mager und gesund. Papa reichlich. Susanne mit Salat. Anna möchte: «Quak, quak, quak.»

Die Lager sind gespalten, die Fronten verhärtet. Von wegen «staade Zeit»!

Doch dann kommt mir eine alte Tradition in den Sinn. Ich muss sie nur minimal abändern, damit sie wie maßgeschneidert ist für meine Familie. Freudestrahlend teile ich sie meinen Lieben mit. Tata!

Natürlich stöhnen sie genervt: Ach nö! Geht gar nicht! So eine doofe Idee!

Aber ich lasse mich nicht beirren, bleibe hart, basta. Und als ich die dampfende Schüssel auf den Tisch stelle, strahlen ihre Gesichter doch. Mit Gabeln und den bloßen Fingern greifen sie zu, schlemmen und schmatzen. Das Resümee: Nie gab es Besseres zu Weihnachten.

«Piep, piep, lecker!», entscheidet Anna.

Zufrieden lehne ich mich mit meinen Lorbeeren zurück. Geschafft! Das Drama um den Weihnachtsschmaus ist vergessen.

Puten-Wiener mit Kartoffelsalat, gut, dass ich noch rechtzeitig darauf gekommen bin! Leckeres, fettarmes Fast Food ohne Augen und mit Salat. Und Papa bekommt sogar sein Geflügel.

Gelateria Cielo

Ursula Böhle

Wie in jedem Jahr waren wir am ersten Weihnachtstag bei meinem Vetter Horst und seiner Frau Gabi eingeladen. Dort trafen sich Onkel, Tanten, Vettern und Cousinen. Ich mochte diese Massenveranstaltung nicht, bei der jeder so tat, als habe er sich das ganze Jahr darauf gefreut, mit Menschen zusammenzutreffen, denen er nicht ohne Grund zwölf Monate lang aus dem Weg gegangen war. Natürlich traf das nicht auf alle Beteiligten zu, aber es war schon der absolute Härtetest, diese Familienfeier zu überstehen, ohne den weihnachtlichen Frieden ernsthaft zu gefährden.

Gabi öffnete die reich geschmückte Haustür und begrüßte meinen Mann und mich überschwänglich. Unseren Golden Retriever Knut bedachte sie mit einem weniger freundlichen Blick, weil er es gewagt hatte, sich zu schütteln. Wir betraten das weihnachtlich durchgestylte Wohnzimmer und herzten und küssten die liebe Verwandtschaft. Aus der Küche kam ein Entsetzensschrei: «Ich habe die Sahne vergessen! Wie konnte mir das passieren?», rief Gabi.

Uneigennützig kam ich ihr zu Hilfe. «Ich gehe und hole Sahne.»

«Wo denn? Es ist doch schon halb vier am Weihnachtstag», fragte sie erstaunt.

«Ich werde schon ein Café finden», sagte ich.

Eilig zog ich meinen Mantel an. Knut war mir gefolgt. Gabi versuchte, mir den Weg zu erklären. Ich ging in die entgegengesetzte Richtung, und Knut jagte hinter den Schneeflocken her.

Nach etwa einer halben Stunde sah ich eine blau leuchtende Neonreklame, *Gelateria Cielo*. Ich schaute durch die Fensterscheibe und erblickte ein Szenario, das mich an Edward Hoppers *Nachtschwärmer* erinnerte. An einer Bar saßen im kalten Licht der Deckenbeleuchtung drei Gäste. Obwohl sie sich gemeinsam in diesem Raum befanden, schienen sie wie durch eine unsichtbare Wand voneinander getrennt. Eine Frau und ein Mann sprachen miteinander und schauten sich dabei nicht an. Es war nicht zu erkennen, ob es sich um ein Paar handelte. Ein allein sitzender Mann wandte mir den Rücken zu. Er trug einen breitkrempigen Hut. Der Kellner sah mich fragend an, als ich den Raum betrat. Ich klopfte den Schnee von meiner Kapuze, und mein Begleiter schüttelte sich ebenfalls vom Kopf bis zur Schwanzspitze.

«Hunde müssen leider draußen bleiben», sagte die Bedienung bedauernd.

Der Mann mit dem Hut wandte sich um und schaute mich und Knut lächelnd an.

«Das ist gar kein Hund, das ist ein Eisbär, und was passt besser in ein Eiscafé als ein Eisbär», erklärte er freundlich. Das ihm gegenübersitzende Paar nickte zustimmend.

«Wie heißt er denn?», wollte er wissen.

«Knut», antwortete ich, «so wie sein berühmter Namensvetter in Berlin. In seinen Papieren steht allerdings Espresso.»

«Espresso? In Ordnung, Sie haben mich überzeugt», schmunzelte der Kellner, «was darf ich Ihnen bringen?»

«Etwas mit Schuss und einen Napf gemischtes Eis, bitte.»

Ich setzte mich an einen der kleinen Tische. Der Mann, der sich als Thomas vorstellte, setzte sich zu uns. Knut legte sich auf seine Füße und gab ein wohliges Grunzen von sich. Es war unverkennbar, die beiden mochten sich.

«Wenn Sie ihm die Ohren rund schneiden und den Schwanz kupieren, sieht er wirklich wie ein Eisbär aus.»

Ich schaute in grau-grüne Augen, die vor Vergnügen blitzten. Er war ein muskulöser Mann, seine dunklen Haare waren zu einem Zopf gebunden. Woher kannte ich ihn nur?

«Wie kommt es, dass Sie am ersten Weihnachtstag hier sind?», fragte er mich.

«Ich bin der Familienbande entflohen. In homöopathischen Dosierungen ist sie für mich unverzichtbar, aber in dieser geballten Form nur schwer zu ertragen. Am liebsten ginge ich heute nicht wieder zurück», gab ich zur Antwort.

Er deutete auf einen Schlafsack, der auf dem Boden lag: «Ich stelle Ihnen gerne diese Übernachtungsmöglichkeit zur Verfügung.»

«Leider schon besetzt», sagte ich bedauernd, «Knut hat es sich darauf bereits gemütlich gemacht.» Tatsächlich hatte sich Knut vorhin auf leisen Sohlen ein paar Schritte von unserem Tisch fortbewegt, und nun schnarchte mein Eisbär in Westentaschenformat genüsslich eingekuschelt auf dem Poofbeutel. Ich schaute genauer hin. Plötzlich erinnerte ich mich: Dieser Schlafsack hatte damals auf einer Pritsche im Bärenhaus des Zoologischen Gartens in Berlin gelegen und gehörte Thomas Dörflein, dem Ziehvater von Knut.

Ich outete mich als Fan des Berliner Kultbären, und wir unterhielten uns angeregt über unser gemeinsames Lieblingsthema. Dabei leuchteten die Augen meines Gegenübers. Der Mann und die Frau, die sich vorhin beim Reden nicht angesehen hatten, waren inzwischen als interessierte Gesprächsgäste an unseren Tisch gekommen. Die Frau war Anfang fünfzig und hatte dunkle Haare. Ihre Augen strahlten eine ungeheure Lebenskraft aus. Sie sprach Englisch mit amerikanischem Akzent, hieß Dian Fossey und lebte in Ruanda. So viel hatte ich verstanden. Eine interessante und energische Frau. Ihr Begleiter trug einen üppigen Haarschopf und einen gepflegten Vollbart. Sie nannte ihn Konny. Er übersetzte, und zwar fließend ins Österreichische.

Die Stimme der Frau klang sehr eindringlich, als sie von der Verfolgung der Berggorillas und dem Kampf gegen die Wilderer erzählte. Wir waren fasziniert von ihrer Leidenschaft für die Tiere. Kein Wunder, dass sie selbst von den ältesten Silberrücken akzeptiert und geliebt wurde.

Bewundernd schaute ich sie an. «Es gibt ein wunderschönes Gedicht über Sie», sagte ich und begann, einige Verse zu zitieren. «Es endet mit: ‹Lass dich umarmen, du unvergessene Anwältin der sanften Riesen.›»

Dian sah mich aufmerksam an. Nachdem ihr Begleiter übersetzt hatte, schloss sie mich gerührt in die Arme.

«Leider ist das Gedicht nicht von mir», erklärte ich verlegen.

Ich schaute unseren Übersetzer forschend an. «Sagen Sie, sind Sie nicht der ‹Vater der Graugänse›?»

«Nein, nein», antwortete er schmunzelnd, «‹Einstein der Tierseele› finde ich passender.»

«Das erste Buch, das ich von Ihnen gelesen habe, war *So kam der Mensch auf den Hund*. Seitdem interessiere ich mich für Verhaltensforschung.» Ich zögerte und überlegte, ob ich ihn über seinen Irrtum, dem er in dem Buch unterlegen war, aufklären sollte. Schließlich sagte ich: «Es ist unbestritten, dass Sie genial sind, aber mit der These, der Hund stamme vom Wolf und vom Goldschakal ab, lagen Sie ganz schön daneben.»

Konrad Lorenz lachte: «Dafür habe ich den Nobelpreis auch nicht bekommen.»

Knut hatte seinen Schönheitsschlaf beendet. Er stupste mich an. Komm, gehen wir, ich habe Hunger, sollte das wohl heißen.

Ich schaute die drei noch einmal an und wollte mir ihren Anblick einprägen. Wie hatte ich sie nur mit diesen seelenlosen, einsam und verloren wirkenden Personen auf Hoppers Bild vergleichen können? Diese Menschen hatten den Sinn ihres Lebens gefunden, eine Aufgabe, die sie über alles stellten, manchmal sogar über ihr Leben. Dian Fossey war von Wilderern erschlagen worden. Thomas Dörflein, da bin ich mir sicher, war an gebrochenem Herzen gestorben, weil er sich nicht mehr so intensiv um seinen Ziehsohn kümmern durfte. Nur Konrad Lorenz war es vergönnt gewesen, ein Leben lang an seiner vergleichenden Verhaltensforschung zu arbeiten, die uns die Tierseele näherbrachte.

Widerwillig machte ich mich auf den Heimweg. Knut lief voraus. So kamen wir, ohne uns zu verlaufen, zurück zu unserem Familientreffen. Die beste aller Hausfrauen öffnete die Tür und bedachte mich mit einem eisigen Blick.

«Wo hast du die Sahne?»

«Vergessen», sagte ich schulterzuckend.

Sie schnappte nach Luft: «Aber …»

«Du brauchst sie ohnehin nicht mehr, ihr seid ja schon beim Abendessen», unterbrach ich sie.

Mein Mann kam mir entgegen und legte den Arm um mich. «Ich habe mir Sorgen gemacht, ihr wart so lange weg. Hast du dich verlaufen?»

Ich nickte und schaute ihn dabei nicht an. Aber hätte ich

ihm sagen sollen: Ich war in der Eisdiele mit dem schönen Namen *Himmel* und habe mit Thomas Dörflein, Dian Fossey und Konrad Lorenz gesprochen? Nein, das hätte selbst er mir nicht geglaubt.

«Komm, lass uns gehen, ich möchte nach Hause», bat ich.

«Gut», sagte er ohne Umschweife.

Dafür liebte ich ihn in diesem Moment ganz besonders. Die Hüterin des Hauses bemerkte unseren Aufbruch.

«Du hast noch nicht von meinem wunderbaren Braten gekostet», sagte sie vorwurfsvoll.

«Danke, ich habe keinen Hunger, vielleicht könntest du etwas für Knut einpacken?», schlug ich vor. Meine Antwort gefiel ihr nicht. Knut fand sie gut.

Im folgenden Jahr erhielten wir keine Einladung zum Weihnachtsfest.

Weihnachten im Zoo

Frauke Schuster

Der Gorilla kam nur langsam näher, deutlich langsamer als gewöhnlich.

«Komm, Bruno! Hier!», rief Else und zeigte ihm den Apfel.

Natürlich war es verboten, die Tiere zu füttern. Wohl hundertmal hatten die Affenpfleger sie darauf hingewiesen. Doch mittlerweile schienen sie die Ermahnungen leid zu sein und ließen sie einfach machen, die schrullige Alte, die sie in ihren Augen wohl war.

«Hol's dir, Bruno!»

Jetzt hatte er den Zaun erreicht, ein massiges Tier, das Rückenfell silbern vom Alter, nur wenig dunkler als Elses Haar. Die ledrige Hand langte durch das Gitter, nahm den Apfel mit jener Sanftheit, die Else stets aufs Neue faszinierte. Brunos braune Augen blickten in ihre, als wolle er für die Gabe danken, und Else fühlte sich dem Tier enger verbunden als den wenigen Menschen, zu denen sie noch Kontakt hatte.

Die Frucht in der Hand zog sich der Gorilla auf seinen Lieblingsplatz zurück, einen Felsen abseits der Gruppe. Auch er war allein. Alt und allein, so wie Else.

Sie tappte zu der Bank, auf der sie immer saß, wenn sie ihn

besuchte, also fast jeden Tag. Kalt war's, Dezember eben, die Sonne hinter trägen Nebelschwaden verborgen. Mit einem mitgebrachten Tuch wischte Else die Nässe von der Bank und zog ihren abgetragenen Mantel enger, ehe sie sich setzte.

Der Gorilla biss in den Apfel. Wie oft schon hatte Else hier gesessen und ihm zugesehen. Erinnerungen stiegen hoch, schöne und traurige, bunt gemischt: Albert, der ihr auf dieser Bank den Verlobungskuss gegeben hatte. Mein Gott, was war sie damals aufgeregt gewesen! Wie lange war das her? Ewigkeiten … Und jetzt lag er schon mehr als fünf Jahre auf dem Friedhof, ihr Albert.

Auch mit dem Kinderwagen war Else hier entlanggegangen. Bruno war damals selbst noch jung gewesen, ein verspieltes Äffchen. Wie hatte ihre kleine Katharina über seine lustigen Sprünge gelacht! Katharina … Tot auch sie, länger sogar als Albert. Warum hatten sie sich das schnelle Cabrio anschaffen müssen?

«Wir sind allein, Bruno», sagte Else leise. «Wir beide, du und ich. Morgen ist der erste Advent, und auch dann sind wir allein.»

Am nächsten Tag hatte sie eine Birne dabei, vom Mittagstisch des Altenheims. Birnen mochte Bruno besonders gern, die hatte er schon als Kind geliebt. Damals, als Else jeden Sonntag mit Albert und Katharina im Zoo spazieren gegangen war.

«Bruno, komm! Hol dir dein Geschenk!» Sie rief ihn leise, doch in dem dichten Nebel, der auch an diesem Tag über dem Tierparkgelände waberte, konnte sie ihn unter den Tieren der Gruppe nicht ausmachen.

«Wo bist du, Bruno?» Normalerweise ließ sich sein Silberrücken leicht erkennen. Angestrengt spähte Else in den Nebel. «Bruno?»

Mit einem Mal befiel sie Unruhe, wie an jenem längst vergangenen Abend, als Katharina nicht nach Hause gekommen war. Hatte Bruno nicht schon am Vortag seltsam gewirkt? Sich bewegt, als fiele ihm jeder Schritt schwer?

«Ich hab was für dich, Bruno! Willst du's nicht sehen?»

Else hatte den Tierpfleger nicht herankommen hören, einen jungen Mann im grünen Overall, mit einem kleinen goldenen Ring im Ohr.

«Der Bruno ist tot. Sein Herz. Gestern Abend. Mit seinen dreiundfünfzig Jahren war er halt schon 'n mächtig alter Knabe.»

Entsetzt starrte Else den Mann an und brachte keinen Ton heraus.

Bruno. Tot.

Sie konnte und wollte es nicht fassen, wusste später nicht mehr, wie sie zurück ins Heim gekommen war. Sie ließ das Abendessen ausfallen, saß auf ihrem Zimmer und starrte in die Dunkelheit hinaus. Albert. Katharina. Fotos mit Trauerrand. Gräber auf dem Friedhof am Rande der Stadt. Niemand war ihr geblieben. Und jetzt hatte sogar Bruno sie verlassen. Sogar Bruno.

Wochenlang setzte Else keinen Fuß außer Haus, mied die Abende im Gemeinschaftsraum, wo Weihnachtslieder gesungen und Weihnachtsgeschichten vorgelesen wurden. Sie wollte mit niemandem sprechen, fühlte nichts, nicht einmal Trauer. Nur Leere. Den Abgrund. Das Nichts. Ein Wettersturz ließ die Temperaturen unter den Gefrierpunkt fallen.

Auch am Weihnachtstag wäre sie gern auf ihrem Zimmer geblieben, doch sie hatte die Fragen satt. Die Fragen der Pflegerinnen, der Heimleiterin, ihrer neuen Tischnachbarin Maria, die Else unter anderen Umständen vermutlich nett gefunden hätte. So aber schleppte sie sich in die kalten

Straßen hinaus, lustlos und mit bleiernen Füßen. Nie zuvor hatte sie sich derart mutlos und einsam gefühlt.

Else hatte nicht beabsichtigt, in den Tierpark zu gehen. Eigentlich hatte sie nie wieder dorthin gehen wollen. Im neuen Jahr würde sie sich zum ersten Mal keine Jahreskarte mehr kaufen. Aber ihre Beine nahmen wie von selbst den vertrauten Weg, durch das breite Tor, vorbei am Kassenhäuschen, wo sie längst nicht mehr kontrolliert wurde, und dann vorbei an Elefanten, Seehunden, Kamelen.

Kurz vor dem Affenhaus merkte Else, dass es zu schneien begann. Hätte sie doch besser im Heim bleiben sollen? Am Heiligen Abend fand immer eine schöne Feier statt, die Heimleitung gab sich alle Mühe, festliche Stimmung zu verbreiten. Und die Tische wurden so hübsch dekoriert. Aber wie könnte sich Else dieses Jahr daran freuen? Bei der schrecklichen Leere, die sie seit Brunos Tod erfüllte!

Einsam knirschte der Kies unter ihren Schuhen. Bei dem unbeständigen Wetter war außer Else kaum jemand im Tierpark unterwegs. So war er eben, der Winter. Kalt und düster. Das Ende des Jahres. Vielleicht das Ende überhaupt.

Die Gorillawiese war mit frischem Schnee gesprenkelt. Die Tiere hockten trotzdem draußen, denn Berggorillas machte kalte feuchte Witterung wenig aus. Else wollte nicht hinschauen, wollte schnell vorbeigehen. Doch irgendwie brachte sie es nicht fertig und blieb vor dem Zaun stehen. Da, wo sie immer auf Bruno gewartet hatte.

Ihre Hand, klamm von der Kälte, fühlte in der Manteltasche etwas Rundes, Hartes. Überrascht zog sie eine Birne heraus. Sie musste sie unbewusst eingesteckt haben, aus langjähriger Gewohnheit.

Bruno hatte Birnen geliebt … Elses Augen wurden feucht. Wie durch einen Schleier blickte sie zu den Gorillas, und die

Affen sahen zu ihr. Ein Windstoß fegte über die Wiese, trieb Schneeflocken in Elses Gesicht und ließ sie erschauern.

Plötzlich löste sich ein Jungtier aus der Gruppe. Ein Affenkind, wie Bruno es gewesen war, damals, als Katharina auf ebendiesem Weg zu laufen begann. Zögernd, vorsichtig wagte sich das Tier näher.

«Komm!», lockte Else. «Schau, was ich habe!»

Auf der anderen Seite des Zauns blieb das Jungtier stehen. Tiefernste braune Augen blickten Else an.

«Das ist der Benny. Brunos jüngstes Enkelkind.» Der Tierpfleger im grünen Overall schlenderte zu Else heran. «Ganz der Opa, finden Sie nicht auch?»

Else antwortete nicht. Sie reichte die Birne durch den Zaun. Kleine Finger berührten ihre Hand, dunkle Augen starrten forschend in ihre grauen.

«Das ist für dich, nimm nur!» Und dann schlossen sich die ledrigen Finger um die Frucht.

Seltsame Wärme durchströmte Else. Eine Wärme, wie die alte Frau sie in den letzten, einsamen Wochen nie gefühlt hatte.

«Unser Benny mag Sie», sagte der Tierpfleger.

Mit der Birne in der Hand trottete das Jungtier zu seiner Gruppe zurück. Der Zooangestellte nickte Else zu und verschwand im Affenhaus. Eine Windböe trieb die Wolken auseinander. Unter den plötzlichen Sonnenstrahlen glitzerte und funkelte der frisch gefallene Schnee wie ein Meer aus Diamanten.

Als Else zum Ausgang zurückging, blieb sie, einem Impuls folgend, bei der Kasse stehen und suchte nach ihrer Geldbörse.

«Eine neue Jahreskarte, bitte.» Ihre Stimme zitterte ganz leicht, als sie den Seniorenausweis vorzeigte.

«Und Ihnen frohe Weihnachten!», lächelte die junge Frau hinter der Trennscheibe, als sie das Rückgeld durch den Bedienspalt schob.

Else warf einen Blick auf die Uhr. Die Feier im Seniorenheim begann in drei Stunden. Vielleicht würde sie doch teilnehmen. Erst neulich hatte ihre Tischnachbarin Maria erwähnt, wie gern sie längere Spaziergänge unternahm, aber allein war es ihr wohl zu langweilig. Vielleicht hatte Maria Lust, ab und an mit in den Zoo zu kommen und das zutrauliche Affenkind kennenzulernen?

Else trat auf die stille Straße hinaus und begriff, dass sie sich plötzlich auf das Weihnachtsfest freute. Auf den leckeren alkoholfreien Punsch, die Plätzchen, die alten Lieder, den von den Pflegerinnen liebevoll geschmückten Baum und die Gespräche.

Ja, Bruno war von ihr gegangen, aber er hatte sie nicht allein gelassen. Der Winter war doch nicht das Ende, sondern ein neuer Anfang.

Das Christkind in den Bergen

Dieter Siebald

In einem Hohlweg empfing mich der kalte Ostwind mit seiner ganzen Wucht, ließ die mächtigen, schneebedeckten Häupter der alten Tannen erbeben.

Starkes Schneegestöber, undurchdringlichen Schleiern gleich, versperrte mir die Sicht in des Waldes Reich.

Mit aller Kraft versuchte der wilde Gesell, den alten Stämmen seinen Willen aufzuzwingen, wirbelte den Schnee auf und warf ihn mit aller Wucht über den Waldboden in den Hohlweg. Urplötzlich hatten die Naturgewalten ihre ganze Macht entfaltet.

In der Ferne, trotz Sturmgetöse, erklang tief unten im Tal das kleine Glöckchen der Wallfahrtskapelle, sein Klang war mahnend. Wie ein guter Freund ließ es seine Melodie erklingen, zeigte an: Du bist nicht allein, es droht Gefahr.

Klein und zierlich stand die Kapelle in einer Wiesensenke, von Buchen und Tannen umrahmt. Seitlich zog ein Gebirgsbach seine Bahn, der zu dieser Jahreszeit zu einem bizarren Eisgebilde erstarrt war. Wie oft hatten sich die müden Wanderer im Sommer an seinem Wasser gelabt. Keiner der umliegenden Waldbauern wusste so recht, wann die Kapelle erbaut worden war. Viele waren der Meinung, dass sie als Schutzkapelle von Benediktinermönchen, die ein Kloster in einem abgeschiedenen Winkel der Berge hatten, für Reisende entstanden war. Ein uralter Weg führte an ihr vorbei, zu einem Pass in den Bergen, der früher von Kaufleuten zum Transportieren von Waren benutzt wurde. Doch heute gingen Wanderer diesen von der Natur zurückeroberten, unscheinbaren Pfad.

Immer dichter wurde das Schneetreiben, der Wind, mit aller Wucht, verstärkte es noch. Und dann ganz plötzlich Stille, als wenn die Natur neuen Atem holen würde. So war es in den Bergen, das Wetter wechselte von einer Minute zur anderen.

Zaghaft, dann immer schneller brachen die Sonnenstrahlen aus den Wolkengebilden hervor, glitten über die verschneiten Ebenen, versuchten die Tannen zu erklimmen.

Und da hörte ich es wieder, das Glöckchen aus dem Tal, anders war jetzt sein Klang, fast freudig!

War es Einbildung oder spielte die Kälte mir einen Streich? Es kam mir so vor, als befände ich mich im Reich des Christkindes.

Winter ist es geworden, der raue Gesell durchwandert die Natur,
bedeckt mit seinem weißen Gewand die Flur.
In seiner Spur die Weihnachtszeit
und Heiligabend ist nicht mehr weit.

Eine Weihnachtsüberraschung

Astrid Schlecker

Ich sitze in der Küche unseres gemütlichen Reethauses und blicke über den Deich auf die See. Ich habe eines der beiden Küchenfenster geöffnet und spüre die eisige Ostseeluft. Es scheint ein leichter Wind zu gehen, denn ich höre das sanfte Plätschern der Wellen. Heute Nachmittag hat es zu schneien begonnen, und die Landschaft trägt ein zartes Weiß. Gleich wird mein Mann Lasse mit unseren Kindern Mats und Ole vom Strandspaziergang nach Hause kommen. Es liegt schon seit Tagen die Vorfreude auf das Weihnachtsfest in der Luft. Die Plätzchen, Christstollen und Lebkuchen sind gebacken und liegen gut verstaut in der Gebäcktruhe unserer Speisekammer. Bratapfelduft durchzieht das Haus, und meine Gedanken schweifen zu einem besonderen Weihnachtsfest Mitte der siebziger Jahre zurück.

Wir lebten mit der Familie – bestehend aus Mutter Ragna, Vater Knud, den Zwillingen Jan und Jarno, Großmutter Frida, den beiden Hunden Grit und Geertje sowie meiner Wenigkeit namens Jette – in einem reetgedeckten Bauernhaus in der Nähe des Ostseestrandes der Kieler Bucht. Unsere kleine Ortschaft zog im Sommer Scharen von Touristen an, im Winter jedoch war hier der Hund verfroren. Wir Kinder konnten dann nach Herzenslust am Strand herumtollen, Steine und

Treibholz sammeln, den Möwen zuschauen oder ausgiebige Strandwanderungen mit den Hunden unternehmen, ohne einer Menschenseele zu begegnen. Wir bastelten jedes Jahr, in kindlicher Vorfreude aufs Fest, aus den gesammelten Steinen und dem Treibholz Weihnachtskunstwerke für unsere Eltern und Großmutter. Am liebsten mochte ich die Steine mit Loch. Mal entsprangen der Phantasie Steinketten, mal Stein- und Holzmobiles fürs Fenster oder bunt angemalte Steinfiguren, welche dann in unserem großen Garten ein passendes Plätzchen fanden. Stets zog schon Mitte November ein köstlicher Plätzchenduft durchs Haus, und wir Kinder wurden immer wieder beim heimlichen Naschen erwischt. Wir tobten ausgelassen im winterlichen Garten, am leeren Strand und mit Holzpantinen lautstark durchs Haus.

Nur nebenan bei unserem Nachbarn, den wir «alter Tommsen» nannten, war kein Leben im Haus. Auch seine beiden Hunde Mika und Madita gaben keinen Laut von sich und schienen mit gesenkten Köpfen über den Hof zu schleichen. Der alte Tommsen schaute stets missmutig drein. Uns Kindern gegenüber verlor er nie ein nettes Wort. Selbst als wir im Sommer den entlaufenen Mika zurückbrachten, drohte er uns mit erhobenem Finger und rief mit dröhnender Stimme: «Verschwindet von meinem Hof!» Wir hatten zumindest auf ein kurzes «Dankeschön» oder freundliches Gesicht gehofft. Nein, der alte Tommsen war ein böser und grimmig dreinblickender Mann, dem man besser aus dem Weg ging.

Im Winter 1975, einige Tage vor dem Weihnachtsfest, drückte mir Mutter einen Topf mit frischer Hühnersuppe in die Hand und bat mich, ihn bei dem alten Grimmbart abzugeben. Sie hatte den Alten einige Tage zuvor hustend und mit fiebrig glänzendem Gesicht in unserem kleinen Krämerladen im Ort getroffen. Mutter war eine fürsorgliche Frau, der keine Mühe zu viel war.

Ich zog mit hochgezogenen Schultern und leckerer Suppe von dannen. Dabei schlurfte ich leise über das Nachbargrundstück zur Tür des alten Tommsen, stellte den Topf auf die oberste Treppenstufe, klingelte kurz und lief, so schnell ich konnte, über die Hofeinfahrt zurück. Ich huschte flugs in unseren Garten und schlug mit lautem Krachen das Gartentor hinter mir zu. Geschafft!

Die letzten Tage vor dem Weihnachtsfest vergingen wie im Flug. Heimlich wurden noch die letzten Präsente in buntes Geschenkpapier eingepackt und mit Namensschildchen versehen. Der Weihnachtsbaum wurde mit roten Schleifen, Holz- und Strohsternen sowie Bienenwachskerzen geschmückt. Wir Kinder freuten uns auf die gemütlichen Stunden mit Mutter, Vater, Großmutter und den beiden Hunden am Kamin. Es machte sich eine heimelig gespannte Stimmung breit.

Der Heilige Abend nahm seinen Lauf. Nach dem Abendessen setzten wir uns unter den festlich geschmückten Weihnachtsbaum. Dort lagen bereits die liebevoll eingepackten Geschenke. Plötzlich knurrten die Hunde und hoben gleichzeitig lauernd die Köpfe. Wir vernahmen das blecherne Surren der Türglocke und schauten uns fragend an. Erwarteten wir noch Besuch? Tante Inga und Onkel Hein wollten doch erst morgen kommen.

Vater erhob sich vom Sessel und ging zur Tür. Wir hörten leises Stimmengewirr – und herein kam mit zögerlichen Schritten der alte Grimmbart Tommsen! Vater bot ihm einen Platz neben mir auf dem alten grünen Ledersofa an. Grimmbart Tommsen zog seine Kappe vom Kopf, nahm behutsam Platz und schaute fast fragend in die Runde. Ihm schien etwas unbehaglich zu sein, denn er zog leicht den Kopf ein. Da begann Großmutter zu singen. Erst leise, dann wurde ihre Stimme sicherer.

Grimmbart Tommsens Hand wanderte derweilen zittrig in seine zerbeulte Kitteltasche, und er zog ein silbrig schimmerndes Etwas hervor. Dieses Etwas setzte er langsam an seinen Mund, und es ertönte eine herrliche Melodie. Eine Mundharmonika! Wir Kinder freuten uns über die Klänge. Kurze Zeit später sangen nicht nur Großmutter und wir Kinder, auch Mutter und Vater stimmten mit fester Stimme in den Gesang ein. Ach, das klang herrlich!

Wie lange wir dort einträchtig zusammengesessen und musiziert haben, kann ich im Nachhinein nicht mehr sagen. Es war eine harmonische, ja fast ausgelassene Stimmung. Vater ging zum Schrank und zog seine Gitarre heraus, Jarno flitzte in sein Zimmer und kam stolz mit seiner Klarinette zurück. Der alte Tommsen entlockte seiner Mundharmonika eine schöne Melodie nach der nächsten, und Großmutter, Mutter, Jan und ich sangen dazu.

Irgendwann am Abend erhob sich Grimmbart Tommsen vom Sofa und reichte jedem zum Abschied schüchtern die Hand. Er verneigte sich leicht dabei. Er drückte uns Kindern feierlich ein kleines Päckchen in die Hand und ging mit leisen Schritten zur Stubentür. Im Türrahmen drehte sich Grimmbart um und lächelte. Wir sahen in ein freundliches Antlitz, und ich entdeckte dabei wunderschöne, warme, bernsteinfarbene Augen. Einige Furchen durchzogen sein wettergegerbtes Gesicht, aber sie sahen wie viele kleine Lachfältchen aus. Der alte Tommsen sah in die Runde, und wir hörten ihn milde sagen: «Habt Dank für die gute Suppe, sie hat mich wieder auf die Beine gebracht. Allen ein frohes Weihnachtsfest!»

Welch angenehme Stimme und lustig funkelnde Augen der alte Tommsen doch hatte! Vater brachte unseren Nachbarn zur Tür. Wir Kinder standen staunend am Fenster und schauten dem alten Tommsen hinterher. Erst jetzt stellten wir fest, dass es zu schneien begonnen hatte und ein zartes Weiß die Landschaft wie Puderzucker überzog. Der alte Tommsen drehte sich um, erhob seine Hand zum Gruß und nickte uns zu. Von Großmutter hörten wir ein zufriedenes: «Ein netter Mensch!»

Nachdem ein wenig Ruhe eingekehrt und die Instrumente wieder verstaut waren, begann die Bescherung. Wir Kinder bekamen, wie jedes Jahr zum Weihnachtsfest, schöne Dinge geschenkt. Es waren Bücher, Murmeln, ein Schlitten für die Zwillinge sowie eine Puppe mit blonden Locken für mich dabei. Aber das schönste Geschenk hatte uns der alte Tommsen gemacht. Er hatte nicht nur meinen Brüdern je einen Weihnachtsmann und mir ein Christkindlein aus Holz geschnitzt. Nein, er hatte uns etwas Besonderes geschenkt, nämlich ein Lächeln und nette Worte.

Ich stellte fest, dass mein Christkind kleine Bernsteine als Äuglein hatte. Welch schöne filigrane Handarbeit hielt ich da in meinen Händen! Dies sollte der alte, knurrige Grimmbart für uns gefertigt haben? Nicht nur wir Kinder, auch unsere Eltern waren über diese nette Geste mehr als überrascht. Ich drückte Grimmbarts Handarbeit stolz an meine Brust und fand, dass mein Christkind fast so schöne Augen wie der alte Tommsen hatte.

Von nun an war er nicht mehr der «alte Tommsen» für uns. Seit diesem Weihnachtsfest im Winter 1975 grüßte uns unser Nachbar freundlich, meist lächelte er verschmitzt dabei und hatte oftmals eine lustige Geschichte für uns Kinder parat. Aus dem «alten Tommsen» wurde Ingmar.

Ich höre meine Kinder lauthals die Treppe hochpoltern. Lasse, Mats und Ole sind vom Strand zurück. Ihre Wangen sind von der Kälte gerötet und in ihren Haaren schimmern noch einige Schneeflocken. Als ich mich umdrehe, schaue ich in die Bernstein-Äuglein des «Tommsen-Christkindes», welches zur Weihnachtszeit, an einem goldenen Samtband hängend, einen festen Platz über unserem Küchentisch gefunden hat.

«Danke, lieber Ingmar», denke ich und lächele glücklich in mich hinein …

Frozen Feelings

Margit Begiebing

«Nein, Kind, das glaub ich dir nicht!»

«Doch, ganz bestimmt, Mami!»

Ich schüttelte den Kopf und sagte nichts. Manchmal geschehen ja Zeichen und Wunder, gerade in der Vorweihnachtszeit. Glauben würde ich es allerdings erst, wenn ich es wirklich sähe.

Es ging um den Tannenbaum, genau genommen um das Schmücken des Tannenbaums. Dazu muss man wissen: Mein Mann ist von Beruf Dekorateur, und zwar mit Leib und Seele. Zu Weihnachten macht sich das besonders bemerkbar. Unser ganzes Haus glänzt. Überall strahlt es wunderbar, von der geschmückten Tannengirlande am Hauseingang zieht sich eine Weihnachtsspur quer durch alle Zimmer bis zu dem beleuchteten Bäumchen draußen im Garten.

Das grüne Heiligtum der Innendekoration ist natürlich der Christbaum, Jahr für Jahr unter ein Motto gestellt und mit einem Namen geadelt: Frozen Feelings, eine Eiszapfen-Weihnacht in Weiß und Silber, United Colors of Christmas, bunt wie der Name schon sagt, Golden Egypt, Pyramiden und beleuchtete Büsten von Nofretete und Tutanchamun in Dunkelblau und Gold, Angelwings, weiße Federschwingen, wie von einer Engelsschar in unserem Christbaum abgestreift.

In den Anfangsjahren unserer Ehe verbrachten wir Weihnachten bei den Schwiegereltern und konnten uns aus beruflichen Gründen erst am Nachmittag des Heiligen Abends auf die Autobahn begeben, aber sogar in diesen Jahren hat ausschließlich mein Mann den Christbaum geschmückt. Wir hatten ihn natürlich dabei, auf dem Dachgepäckträger. Baum war nämlich nicht gleich Baum. Zu groß durfte er nicht sein, aber erst recht nicht zu klein. Gerade gewachsen und dicht, aber nicht zu dicht, sonst wurde es schwierig mit dem Hängen der Kugeln und den Bändern, die sich durch die Zweige winden sollten.

Bescherung gab's erst, wenn der Baum so weit war, und der Baum war so weit, wenn mein Mann ihn für fertig erklärt hatte. Er ließ sich weder helfen noch antreiben, war für mehr oder weniger gute Ratschläge unempfänglich und ließ Vorschläge von dritter Seite sowieso nicht gelten.

Ja, so war das, als wir jung verheiratet waren und auch, als unser Kind noch klein war. Fünf Jahre alt war es, als wir zum ersten Mal im eigenen Haus Weihnachten feierten. Das Kind träumte wie viele Kinder davon, dem Christkind beim Schmücken des Weihnachtsbaumes zu helfen.

«Aber der Papa hilft doch schon dem Christkind. Ein Helfer reicht völlig», erklärte ich behutsam. Ich wollte im Vorfeld retten, was zu retten war.

Aber das Kind glaubte mir nicht. Und irgendwie gelang es ihm, sich dem Vater als kleines Helferlein anzudienen. Und irgendwie einigten sich Vater und Kind auch auf das Motto unseres Jahresendzeitfreudenbaumes: «Kindertraum» sollte er heißen, und kunterbunt sollte er werden. Ich hielt mich raus.

Endlich war Heiligabend. Das Kind nervte ab dem Frühstück, wann denn nun endlich Bescherung unter dem Baum war.

«Das Kind nervt», sagte mein Mann gegen Mittag zum 735. Mal und nervte damit wiederum mich.

«Dann fang doch an, ist doch egal, ob eine Stunde früher oder später», schlug ich vor.

Allerdings musste ich mich gleich eines Besseren belehren lassen: «Nicht vor dreizehn Uhr. Ich habe nie vor dreizehn Uhr angefangen, den Baum zu schmücken», erwiderte mein Mann seelenruhig.

Geduld, Geduld, auch am Heiligen Abend ist es irgendwann dreizehn Uhr. Der Vater rieb sich die Hände und rief freudig: «Jetzt geht's los. Wo sind meine beiden Helfer? Ihr holt schon mal die Kugeln.»

Während er den Baumstiel im Ständer festmachte, stiegen das Kind und ich in den Keller und kamen kartonbeladen wieder zurück ins Wohnzimmer. Der Vater öffnete den ersten der Kartons, den das Kind ihm strahlend reichte.

«Die nicht. Die kann ich nicht brauchen. Die könnt ihr gleich wieder runtertragen.»

So ging das mit den ersten fünf Kartons. Erst vom sechsten an waren es die richtigen Kugeln.

«Sieh nur, wie schön sie sind», sagte ich zu dem Kind.

«Jetzt geht's lo-hos, jetzt geht's lo-hos!» Das Kind hüpfte von einem Fuß auf den anderen und freute sich.

Fachmännisch besah der Vater die schimmernden bunten Kugeln, die in ihrem Sechser-Nest aus Seidenpapier lagen.

«Eimer und Lappen», meinte unser Familienoberhaupt dann kurz angebunden, «und die Wachsflecken vom letzten Jahr runtergeputzt.»

Das Kind zog offen einen Flunsch. Ich auch, aber erst,

als ich außer Sichtweite war. Um des Weihnachtsfriedens willen besorgte ich das Gewünschte. Das Kind wollte natürlich helfen. Wachsreste von dünnen Glaskugeln zu entfernen, erwies sich als gar nicht so einfach, eine Kugel ging in die Brüche.

«Wie kannst du dem Kind eine Kugel in die Hand geben? Und noch dazu eine von den großen? Die fehlt jetzt!», sagte der Vater. Überall lagen hauchfeine Scherben. Tränen kullerten.

«Entweder du machst die Wachsflecken selber weg oder sie bleiben eben drauf», beschloss ich laut und holte Schaufel und Besen. Dann nahm ich das heulende Kind in den Arm.

Aber das Kind wollte nicht in den Arm genommen werden, es wollte, dass es endlich losging.

«Kugeln aufhängen», sagte es und streckte die Hand aus, um eine verführerisch glänzende Kugel aus dem Karton zu holen, auf der ein silberfarbener Clown mit bunten Knöpfen dargestellt war.

«Finger weg!», herrschte der Vater es an. «Es reicht wohl nicht, dass bereits eine hinüber ist.» Er deutete wie ein Zerberus auf die Schaufel, in der die traurigen Reste der kaputten Kugel das Licht der Wohnzimmerlampe spiegelten.

Jetzt heulte das Kind richtig. Ich blickte erschrocken zu den Kugeln, die bereits am Baum hingen, aus Angst, das Kind könnte sie allein kraft seiner Stimme zum Platzen bringen. Aber es passierte nichts.

«Was ist?», fragte der Vater ungeduldig. «Ihr könnt die nächsten Kartons aus dem Keller holen. Den Schuhkarton mit den roten Schleifen nicht vergessen. Und die Schachteln mit den Kerzen und die Kerzenhalter sind auch noch nicht da. Los, los, schließlich wollen wir ja heute noch Weihnachten feiern.»

Aber das Kind hatte keine Lust mehr und ich, das musste ich zugeben, auch nicht.

Wir spielten Memory im Kinderzimmer, bis uns das Christkind mit seinem hellen Glöckchen rief und uns der schönste Kindertraum-Baum, den man sich vorstellen kann, festlich geschmückt entgegenstrahlte, als wir das Wohnzimmer betraten.

***

Lang, lang ist's her. Das Kind ist mittlerweile sechsundzwanzig und hat in seinem Leben noch nie Hand an einen Christbaum gelegt. Warum auch? Es hat schließlich einen Vater, der immer noch die gleiche Begeisterung und den gleichen Perfektionismus an den Weihnachtstag legt wie damals.

Und in diesem Jahr? Zum ersten Mal wird unser zukünftiger Schwiegersohn gemeinsam mit uns Weihnachten feiern. Er ist Amerikaner und kommt am Heiligen Abend mit dem Flieger aus Atlanta. Deshalb wird er «American Way of Christmas» heißen, unser diesjähriger Baum. Bunte Kugeln wird er tragen und Pergamentrollen mit dem Text von *Silent Night, Holy Night*, kleine Spiegel werden aus dem Tannengrün blitzen und überquellende Füllhörner von guten und noch besseren Tagen künden. Ein bisschen kitschig wird er sein, so, wie wir Deutsche uns einen amerikanischen Baum eben vorstellen.

Und dreimal dürfen Sie raten, wer ihn schmückt.

Der Engel mit den gebügelten Haaren

Helga Brugger

Es war am Morgen des 24. Dezember. Der Frühstückstisch war gedeckt, der Tannenbaum stand noch schmucklos im Wohnzimmer. Über dem Esstisch, genauer gesagt über der Sitzbank, hing ein wunderschöner Adventskranz. Die großen, kupferrot glänzenden Schleifen und die leuchtenden Kerzen verbreiteten festlichen Glanz. Bevor es jedoch Heilig Abend werden konnte, begann dieser Tag eher unchristlich.

Mein Mann und unsere Tochter frühstückten in gewohnt trauter Schweigsamkeit. Ich unternahm keine Kommunikationsversuche, wohl wissend, dass das zu dieser frühen Stunde unerwünscht war. Mein Blick wanderte voller Bewunderung zur Decke – und ich erstarrte. Rot-goldenes Kerzenwachs tropfte von da oben langsam und stetig auf den Kopf unserer Tochter. Mit ungläubigem Staunen entdeckte ich einen großen Wachsklumpen auf ihrer blonden Haarpracht. Wieso hat sie nichts gemerkt?

«Dein Haar …!», rief ich in das Schweigen und sprang entsetzt auf. Es dauerte einige Schrecksekunden, bis wir realisiert hatten, was passiert war. Eine Kerze war durchgebrannt, und das Wachs bahnte sich einen Weg durch das dichte Tannengeflecht abwärts. Eine tumultartige Szene folgte. Die Tochter sprang weinend auf, ich versuchte eilig, mit Küchenkrepp den Schaden zu beheben, das Geschirr klirrte, der Hund sprang schwanzwedelnd und beschwichtigend hin und her.

In diese Aufregung hinein ertönte die sonore Stimme des Vaters: «Jetzt wird erst mal in Ruhe gefrühstückt!» Dieser unglückselige Ausspruch sollte später bei allen familiären Turbulenzen zum geflügelten Wort werden.

Meine Tochter und ich widersetzten uns der Aufforderung und stürzten ins Bad, wo wir dem Wachs mit einer heißen Haarwäsche zu Leibe rückten. Der Erfolg war minimal, zumal die Temperatur nicht beliebig gesteigert werden konnte. Bügeln, fiel mir ein. Da hilft nur noch bügeln! Vorbei an dem in plakativer Ruhe frühstückenden Vater eilten wir in das Zimmer, in dem das Bügeleisen stand, mit einer Rolle Küchenkrepp bewaffnet.

Hier bot sich dann ein groteskes Szenario: Ich stand am Bügelbrett, die Tochter saß davor, das Haar wurde auf dem Bügelbrett ausgebreitet und Strähne um Strähne mit massenweise Fließpapier entwachst. Fragen über Fragen häuften sich: Würde es uns gelingen, das Wachs vollständig zu entfernen? Schadete das dem Haar? Wo bekamen wir einen Frisör her am Heiligen Abend, der mit der Schere rettete, was noch zu retten war? Was wurde aus dem Krippenspiel am Abend, an dem die Tochter Querflöte spielen sollte?

Da ging die Tür vorsichtig einen Spaltbreit auf, und das neugierige Gesicht des Vaters erschien. Beim Anblick seiner aufgelösten Frauen entfuhr ihm ein verständnisloses «Ach je!»

Wieder falscher Text! Es folgte ein zweifach donnerndes «Raus!»

Nach einer gefühlten Ewigkeit hatten wir es dann doch geschafft. Die blonden Haare erstrahlten frisch gewaschen und gebügelt in weihnachtlichem Glanz. Als wir wieder im Wohnzimmer auftauchten, erinnerte nichts mehr an die morgendliche Tragödie. Der Unglückskranz war entsorgt, die Wachsflecken von Tisch und Bank entfernt, und im Wohnzimmer stand versöhnlich der festlich geschmückte Tannenbaum.

Dem abendlichen Krippenspiel in der Kirche stand nun nichts mehr im Wege. In der Kirche glänzten die gebügelten Haare mit dem Kerzenlicht um die Wette, die Querflöte ertönte engelsgleich, und die Eltern saßen gerührt in der Kirchenbank. Die Harmonie in der Familie war wieder hergestellt.

Halleluja!

Irgendetwas war's

Stefanie Weingartz

In Kindertagen war es in unserer Familie Brauch, die Stunden bis zur Bescherung an Heiligabend mit einem Waldspaziergang zu überbrücken. Danach schauten wir im Fernsehen immer *Wir warten auf's Christkind.*

Der Waldspaziergang ist heute noch Tradition bei meinem Mann und mir. Auch wenn es meistens nicht viel zu sehen gibt, höchstens eine aufgeschreckte Amsel oder ein paar Meisen, die in den Baumwipfeln umherklabautern, lieben wir die stille, ruhige Atmosphäre als Einstimmung auf den Heiligen Abend. Die Wanderung variiert je nach Witterung und Zeit, aber Herzstück und Ziel unseres Spaziergangs ist immer dasselbe: eine kleine Schutzhütte.

So machten wir uns vor ein paar Jahren um die Mittagszeit wieder einmal auf. Im Rucksack Glühwein und belegte Brote für uns, Äpfel, Brot und Vogelfutter für die Tiere im Wald. Es war ein bedeckter, grauer Tag, leider wie fast immer kein Schnee, windstill, mit Temperaturen gut über dem Gefrierpunkt. An der Hütte angekommen, packten wir unsere Vesper und die «Bescherung» für die Tiere aus. Wir waren uns sicher, wenn es dämmerte, kamen sie alle aus ihren Verstecken, um eine Waldweihnachtsnacht zu feiern. Irgendwann wurde es uns kühl, und so packten wir unsere

Sachen zusammen und machten uns auf den Weg hinunter ins Dorf. Um uns zu wärmen, schritten wir zügig und sangen Weihnachtslieder. Und dann geschah es.

Urplötzlich hatte ich das Gefühl, als ginge ich durch die warme Luftschleuse eines Kaufhauses. Das Ganze dauerte nur Sekunden. Ich blieb erschrocken stehen, schaute meinen Mann an und fragte: «Was war das denn? Hast du das auch gespürt?»

Zu meiner Erleichterung bejahte er und beschrieb das gleiche Gefühl. Wir gingen ein paar Schritte zurück zu der Stelle, wo wir meinten, die warme Luft gefühlt zu haben, aber: Nichts! Mein Mann untersuchte noch das nähere Umfeld, konnte aber nichts feststellen.

Langsam machten wir uns auf den Heimweg und begannen zu spekulieren: heiße Erdgase (mein Mann) oder warmer Luftstrom aus dem Süden (ich). Als wir keine zufriedenstellende naturwissenschaftliche Erklärung fanden, schlug ich schließlich vor: «Vielleicht war es ja eine Erscheinung, oder besser gesagt eine ‹Erfühlung›?» Und das ließen wir dann so stehen.

Als wir das Erlebnis später in der Familie erzählten, wurden wir milde belächelt, nach dem Motto: War das vor oder nach dem Glühwein? Bis heute haben wir natürlich keine Erklärung für das Geschehene. Den Weg sind wir seither noch viele Male gegangen, haben aber nie wieder etwas in dieser Art erlebt. Jedes Jahr an Heiligabend, wenn wir im Wald unterwegs sind, ist das Phänomen aber Gesprächsthema bei uns, und ich denke dann immer: Ob das ein Engel war?

Sicher ist: Irgendetwas war's.

Wichtelweihnacht

Ilse Mucks

Unermüdlich wirbeln Flocken,
schweben, tanzen, taumeln, rocken.
Diese kalte Winternacht
übertrifft die eig'ne Pracht.

In verborg'nen Wichtelhütten
wuseln Trolle – fast inmitten
blinkt er auf, der Lichterbaum,
der Wichtelmänner Weihnachtstraum.

Listig hocken sie an Tischen,
schwatzen, schmatzen, wischen, zischen,
ihre Augen teuflisch funkeln
selbst bei Nacht im vollends Dunkeln.

Stämmig stampfen sie mit Füßen,
Sonnenwende zu begrüßen,
warten auf den Weihnachtsmann,
der kommt mit dem Rentier an.

In der Butze, welch ein Schrecken,
mopsen Mäuse Mettwurstecken,
von dem Buchenweizenkuchen
gibt es Krümel nur zu suchen.

Doch der Kräutermix-Likör
spült es weg, das Festmalheur.
Und die alte Schleiereule
kratzt sich an der Schneeballbeule.

Plötzlich wird's mucksmäuschenstille,
wie es ist der Weihnachtswille.
Wichtelkinder singen brav
sich in ihren Winterschlaf.

Unaufhaltsam wirbeln Flocken,
schweben, tanzen, taumeln, rocken,
denn die kalte Winterpracht
hüllt sie ein, die Heil'ge Nacht.

Weihnachtstage

Herta Andresen

Fast dreißig Jahre lang bin ich schon im ambulanten Pflegedienst tätig. Ich habe mich für den Dienst an den Feiertagen eingetragen, so wie in den meisten Jahren vorher auch. Trübe Gedanken, die jedes Jahr um die Weihnachtstage wiederkehren, lassen sich auf diese Art gut bewältigen, das hat die Erfahrung mir gezeigt.

Am Morgen des Heiligen Abends beginnt der Frühdienst üblicherweise um kurz nach sechs Uhr. Ich weiß noch nicht, ob ich heute Zeit haben werde, zwischen Früh- und Mittagsrunde nach Hause zu fahren. Es stürmt sehr und regnet, gar kein Weihnachtswetter, wie man es sich wünschen würde. Mir ist es recht, muss ich mich doch nicht mit glatten Straßen oder Schneewehen herumquälen. Im Autoradio wird ein Weihnachtslied nach dem anderen gespielt, *Let it snow, let it snow, let it snow*, *White Christmas* und so weiter und so weiter. Die Moderatorin bedauert, dass es kein weißes Weihnachtsfest geben wird, der Wetterexperte wird befragt und kann auch nichts anderes erzählen. So ist es aber ein sichereres Fahren auf allen Straßen, wenn die Menschen unterwegs sind, um zum Fest bei ihren Lieben zu sein. Es hat eben alles seine Vor- und Nachteile. So kommt zwar die Romantik zu kurz, aber die Weihnachtsbeleuchtungen überall in den Gärten und Fenstern machen das wieder wett.

Mein Dienst beginnt heute etwas früher als üblich, weil einige Pflegekunden gerne vor dem Fest noch geduscht werden und ihre Haare «in Ordnung» haben möchten. Das ist verständlich, denn einige sehen ihre Kinder und vor allem die Enkelkinder nur zu Weihnachten und freuen sich schon lange auf deren Besuch. Dann gibt es aber auch die Einsamen, die immer allein sind, sie haben einfach niemanden mehr, fühlen sich übriggeblieben und sind, besonders zu Weihnachten, sehr traurig. Sie sind alt, Sohn oder Tochter sind schon vor ihnen gestorben, und sie wären am liebsten auch gar nicht mehr hier. Einen Weihnachtsbaum gibt es bei ihnen meist schon lange nicht mehr. Wenn sie noch zu zweit sein dürfen, geht es noch, aber wenn der Partner auch nicht mehr da ist, dann ist es schlimm. Meist ist der Pflegedienst der einzige Kontakt zur Außenwelt. Und der Fernseher. Wenn es den nicht gäbe …

Ich bekomme fast überall ein kleines Geschenk, Schnapspralinen und sonstiges Schokoladiges, einmal sogar ein geschmücktes kleines Tannenzweiglein, liebevoll in einem Blumentopf dekoriert. Das freut mich besonders, hat es doch den alten Herrn Anstrengung gekostet, uns Pflegekräfte zu erfreuen. Jeder, der in diesen Tagen bei ihm arbeitet, bekommt so ein schönes Zweiglein mit nach Hause.

Gegen halb elf bin ich mit dem Frühdienst fertig und kann nach Hause fahren. Der Mittagsdienst beginnt um kurz vor zwölf, gerade genug Zeit, um mit meinem Mann zu frühstücken und kurz in die Zeitung zu schauen.

Dann geht es wieder weiter.

Einige bekommen nur ihr Medikament gereicht, und heute Abend werden auch Medikamente von den Angehörigen verabreicht, sodass der Abenddienst etwas entlastet wird. Bei einer bettlägerigen Patientin gibt es zu Mittag einen längeren Aufenthalt, weil es ihr zur Zeit schlechter geht. Sie möchte gerne für immer gehen, aber: «De leeve Gott holt mi eenfach nich», seufzt sie. Ihre einzige Tochter lebt nicht mehr, und sie wohnt im Haus ihres Enkels. Das Bett ist so aufgestellt, dass sie aus dem Fenster schauen kann. Sehr selten ist es möglich, dass sie noch auf einen Stuhl gesetzt werden kann. Auch heute glückt das Aufstehen nicht, und essen mag sie nur ein paar Bissen. Dreimal täglich kommt hier der Pflegedienst und an manchen Tagen auch jemand zur Betreuung. Ins Heim möchte sie auf keinen Fall, ihr Enkel hat ihr versprochen, dass sie nicht mehr aus dem Haus gebracht wird, nur noch in der «großen Kiste».

«Ik kumm morn wedder», sag ich zu ihr.

«Dat is fein, ik freu mi, wenn du kümmst!», antwortet sie.

Sie hat keine Schmerzen, ist nur müde. So liegt sie und wartet, mit einem Teddy im Arm. Die Namen ihrer Pflegerinnen kennt sie nicht mehr, aber sie freut sich, wenn sie uns sieht.

Ich fahre zu unserer ältesten Pflegekundin, sie ist tatsächlich einhundertfünf Jahre alt. Ab und zu kann sie für einige Zeit mit Hilfe aufstehen und sitzt dann im Rollstuhl. Ihr Geist ist ganz klar. Ihre Söhne sind natürlich auch schon alt. Heute wird aber am Nachmittag niemand kommen, und deshalb bin ich nun dort, um nach dem Rechten zu sehen. Sie möchte nur liegen bleiben, ihre Ruhe haben und schlafen. Am Abend kommt ihre polnische Pflegekraft zurück, die sie sonst versorgt. Ich reiche der alten Dame zu trinken, sie bedankt sich und sagt, es sei alles in Ordnung.

Ein paar Straßen weiter wohnt ein altes Ehepaar, das ich noch nicht kenne. Ich finde die beiden zur Mittagsruhe liegend im Schlafzimmer vor, helfe der alten Dame aus dem Bett, gehe mit ihr ins Bad und bringe sie dann mit ihrem Rollstuhl ins Wohnzimmer. Der Ehemann ist inzwischen aufgewacht und wundert sich über das fremde Gesicht. Ich stelle mich vor, und es stellt sich heraus, dass der alte Herr meinen Schwiegervater gekannt hat und dass er meinen Bruder von Berufs wegen her auch kennt. Darüber freuen wir uns beide sehr, und ich verspreche, meinem Bruder Grüße auszurichten. Der wird sich wundern! Wir sitzen noch ein paar Minuten am Wohnzimmertisch und unterhalten uns. Ich probiere die von seiner Tochter gebackenen Plätzchen und sage, dass ich an beiden Feiertagen wiederkomme. Dann habe ich Feierabend, und zu Hause erzähle ich meinem Mann die Erlebnisse. Wir haben einen schönen Heiligabend, und ein wohliges Weihnachtsgefühl breitet sich in mir aus.

Als ich aufwache, begrüßt mich um sechs Uhr ein stiller, mondheller Morgen des ersten Weihnachtstages, der Vollmond strahlt mich an, er steht am nordwestlichen Himmel und ist besonders groß. Für mich zeigt er heute sein Mondgesicht, obwohl ich natürlich weiß, dass es kein wirkliches Gesicht ist. Ich habe gehört, dass erst in dreißig Jahren zu Weihnachten wieder ein Vollmond zu sehen sein wird. Auf dem Weg zum ersten Kunden ist niemand außer mir unterwegs, ich treffe kein einziges Auto. Alles schläft noch am Weihnachtsmorgen.

Ich fühle Freude in mir und Dankbarkeit, weil gestern Abend alles so schön war, ein friedvoller und besinnlicher Heiligabend war es. Im Autoradio wird jetzt von den Monkeys *I am A Believer* gespielt, ein Stück aus meiner Jugendzeit. Ich werde richtig euphorisch und drehe das Radio lauter. Da! Am rechten Straßenrand steht ein Fuchs! Im Scheinwerferlicht glühen seine Augen, er steht ganz still, als würde er nur für mich da stehen. Schon bin ich vorbei, so ein Moment ist kostbar, einen Fuchs sieht man sehr selten. Im letzten Jahr sah ich nur einen überfahrenen auf dem Radweg liegen, merkwürdigerweise war das auch während meiner Weihnachtstour.

Hinter dem nächsten Dorf, nach ein paar hundert Metern, gelange ich ans erste Ziel des Tages. Ich sehe ein Reh auf der rechten Seite im Knick verschwinden und fahre links auf das Grundstück, steige aus und schließe die Haustür auf. Es ist dunkel im Flur, und ich taste nach dem Lichtschalter. Da tönt es aus dem Schlafzimmer: «Frohe Weihnachten!»

Der alte Herr hat bereits das Licht angemacht und schwingt seine Beine aus dem Bett. Wir erzählen vom gestrigen Abend, während ich die Pflege erledige und die Medikamente bereitlege. Seine Frau schläft noch, sie steht auf, wenn ihr Ehemann den Frühstückstisch fertig hat. Das kann er trotz Rollstuhl noch gut erledigen.

«Meine Frau muss dann in den Keller, das Brot holen. Das kann ich ja nicht mehr, in den Keller steigen!», erklärt er mir.

So können sie sich gegenseitig helfen und den Alltag noch bewältigen. Das Mittagessen wird ihnen täglich von einem Service gebracht, aber zu Weihnachten kocht der Sohn, der nebenan wohnt. «Das schmeckt uns viel besser als das Fertige, ist ja immer dasselbe!» Ich kann das gut verstehen, habe ich doch diese Klage schon oft gehört.

Als ich nach weiteren zwei Pflegekunden zurückfahre, steht der große runde Sonnenball am Himmel, leuchtend gelb. Das Licht spiegelt sich im nahe gelegenen See und die Wolken haben leuchtende Ränder, es ist ein feierlicher Anblick, wunderschön.

Auch heute bin ich zum Frühstücken wieder zu Hause, es gab keine besonderen Vorkommnisse.

Der Mittagsdienst ist etwas kürzer, weil die Polin ihren Dienst bei der über Hundertjährigen wieder aufgenommen hat. So kann ich etwas später losfahren.

Ich treffe den Sohn der ersten beiden Alten in deren Küche an, es duftet nach Spargel. Es gibt Pasteten mit Gemüse. Er bittet mich, die Medikamente für den Abend bereitzulegen, so muss niemand mehr kommen. Ich informiere die Kollegin, die abends Dienst hat. Sie freut sich, weil es für sie ein Umweg gewesen wäre.

Die alte Dame mit dem Teddy schläft fest, bemerkt mich gar nicht. Ich lese im Protokoll, dass sie am Morgen auch schon schlief und während der Pflege nicht richtig wach wurde. Sie hat noch genug zu trinken am Bett stehen. Ich lasse sie in Ruhe, dokumentiere alles in meinen Unterlagen und denke, dass es schön wäre, wenn sie jetzt für immer einschlafen würde.

Wieder zu Hause angekommen, genieße ich es einfach, im Sessel zu sitzen und Musik zu hören. Ich lese und sehe fern. Es ist fast schon Abend, da fällt mir etwas Wichtiges ein. Ich rufe meinen Bruder an und erzähle ihm von der Begegnung mit dem alten Herrn, der ihn kennt, und bestelle die versprochenen Grüße. Mein Bruder kann sich sofort erinnern: «Meine Güte, das ist doch so lange her, ich glaub, ich war erst achtzehn oder so!» Heute ist er dreiundsechzig.

Der zweite Weihnachtstag kündigt sich nachts mit kräftigem Wind an, die Zweige der Rosen schlagen gegen unser Schlafzimmerfenster. Und schon bin ich wieder unterwegs, diesmal steht kein schöner Vollmond am Himmel, es regnet in Strömen, der Wind treibt den Regen über die Straße, es besteht Gefahr von Aquaplaning, kein schönes Fahren. Im

Radio höre ich *Sound of Silence*, das hätte gestern besser gepasst. Der Wind drückt das Auto zur Seite, und man spürt die Böen. Ich frage mich, wie viel Schnee so ein Windstoß wohl fasst, und bin froh, dass es nur Wasser ist. Heute ist der Dienst etwas kürzer, weil eine Familie die Pflege selbst übernehmen will, und so habe ich bis zum Mittagsdienst mehr Zeit. Ansonsten läuft alles wie immer.

Inzwischen hat sich das Wetter etwas beruhigt. Dann erzähle ich dem alten Herrn von meinem Anruf bei meinem Bruder und dass ich ihn zurückgrüßen soll. Er freut sich, dass auch mein Bruder sich an ihn erinnert hat. So kann man allein mit Gesprächen Freude verbreiten. Und diese Freude kehrt ins eigene Herz zurück, so, wie es in dem bekannten Spruch heißt, den man früher ins Poesiealbum schrieb.

Weihnachtstage im Dienst sind immer besondere Tage, und wer an diesen Tagen frei hat, der wird das Besondere nicht erleben.

Die Weihnachtsgeschichte

Rainer Lewandowski

Eine Weihnachtsgeschichte beginnt immer zu Weihnachten – des Vorjahres. Nach Weihnachten ist vor Weihnachten. Wie bei den Wahlen. Nur ist die Qual erheblich größer, denn im Fall der Weihnachtsgeschichten hat man einige tausend zur Auswahl. Mindestens.

Dabei fängt alles sehr harmlos an: «Lies doch zu Weihnachten wieder eine Geschichte vor. Bitte! Eine besonders schöne Weihnachtsgeschichte», quengeln die Kinder.

«Gut. Einverstanden.»

Wer will die lieben Kleinen schon enttäuschen? Doch diese eilfertige Zusage aus der entspannten Weihnachtslaune heraus bedeutet: Das Suchen beginnt von neuem! Noch nicht hektisch getrieben, es ist ja noch ein ganzes Jahr Zeit, aber gerade jetzt nicht nachlassen, man steckt schließlich von der letzten Suche her noch voll im Stoff.

«Sie darf ruhig romantisch sein.» Sprich: gefühlvoll, aber nicht kitschig, höchstens ein bisschen, auf alle Fälle heile Welt. «Lustig soll sie natürlich auch sein, wenn's geht. Und besinnlich. Außerdem soll sie etwas ‹bedeuten›, aber sie darf nicht zu kompliziert sein.»

Weihnachten – ein fremdfühliger, tranceartig-hermetischer Zustand der christlich vereinnahmten Kommerzwelt-

Welt, die innere Forderung, der Globus solle tatsächlich ein paar Minuten zum Stillstand kommen. Nach der Aufregung, sich Geschenke zu überlegen und zu besorgen, nach dem ausdauernden Lebensmittel-Auswahl-Einkauf-Kasse-Stehen, kurz vor dem lang ersehnten Aufreißen der sorgfältig verpackten Geschenke – etwa zu diesem Zeitpunkt stellt er sich ein: der Moment des Verharrens, die Ruhe im Auge des Sturms. Nach einem langen Blick auf den Baum mit Kugeln, Kerzen und Lametta – «Das ist der schönste Baum, den wir jemals hatten!» – kommt dann die Zeit der alles anhaltenden Bescherung. Eben: die Weihnacht. Zur Krönung mit Schnee, der jedoch selten genug rieselt. Und dann, wenn das alles vorüber ist, samt der gelesenen Geschichte, dann ist nach der Weihnachtsgeschichte vor der Weihnachtsgeschichte …

Die neue Suche geht sicherheitshalber gleich nach der Jahreswende weiter beziehungsweise erst richtig los. Jede vor einer Buchhandlung befindliche Ramschkiste wird im Vorübergehen nach Sammlungen von Weihnachtsgeschichten durchstöbert. Die aussichtsreichste Phase, um fündig zu werden: Januar, allerspätestens Anfang Februar. Das ist die beste Zeit für nach dem Fest übrig gebliebene Reststücke.

Suchen heißt: Kurz (oder länger) in der Kälte stehen, Bücher sorgsam einzeln ansehen, nur nichts übersehen. Als ich einmal an einer solchen Ramschkiste stehe, habe ich Glück: ein Geschichtenband! Wer sagt's denn! *Weihnachtsgeschichten am Kamin*, Band 30. Wahnsinn! In diesem Moment kommt eine Hand von der Seite, nimmt das Buch, und die Person zu dieser Hand verschwindet mit dem guten Stück im Laden.

Das ist doch … Also wirklich! Hinterher! Doch es ist schon zu spät, das Buch gleitet bereits in die Einkaufstasche des anderen.

Weg!

Aufgeregt frage ich die Dame an der Kasse, ob sie denn vielleicht doch noch – vielleicht hinten? – diese oder andere Weihnachts-Sammelbände hätten …

Mein Blick fällt in ein ungläubig-irritiertes Gesicht.

«Seien Sie doch froh! Weihnachten ist endlich vorbei …», sagt die Kassenfrau.

«Sicher. Aber es kommt wieder eines …»

«Da haben Sie natürlich recht. Das dauert aber noch. Bedaure. Außer der Bibel zur Zeit nichts.»

«Danke. Die habe ich schon …»

Später im Jahr, bei einem sommerlichen Urlaubsbummel, frage ich wieder in einer Buchhandlung: «Haben Sie eventuell einen Band mit Weihnachtsgeschichten?»

Die unvermeidliche Folge: mitleidige Blicke und die charmante Routineantwort: «Ich kassiere nur. Aber ich kann gerne für Sie fragen.»

Die Hoffnung, der Kunde würde sagen: «Nicht nötig, aber danke» zerschlägt sich, denn der Kunde sagt aller Aussichtslosigkeit zum Trotz: «Ja, bitte, tun Sie das. Fragen Sie.»

Die junge Frau geht zu einem ebenso jungen Mann, der Ordnung in die Bücherstapel bringt. Der Mann schaut, nachdem er gefragt wurde, nicht etwa in ein Bücherregal, sondern verständnislos Richtung Kasse. Die Frau nickt zustimmend. Man ist sich einig. Ein Halbirrer. Weihnachtsgeschichten. Im Sommer.

Zum Glück habe ich einen Sammelband mit Weihnachtsgeschichten des Vorjahres im Urlaubsgepäck dabei. Vielleicht lese ich ein paar Geschichten noch einmal durch, ob eine davon doch vielleicht dieses Jahr ginge? Neu gelesen, sozusagen? Und so kommt, was kommen muss: An einem schönen Nachmittag, in sengender Sommerhitze, sichte ich unweit vom Strand die alten Geschichten *Weihnachten in*

Gefahr, Befana und der Weihnachtsengel, Tropen-Weihnacht auf der Südhalbkugel und so weiter und so fort.

Die Geschichten sind zwar sentimental, bewegend und besinnlich, aber nicht heiter genug. Die *Geschichte vom kleinen Mohren* ist noch dazu politisch unkorrekt.

So suche ich weiter und frage bei lauschigen Grillabenden und ausgelassenen Geburtstagsfeiern möglichst beiläufig: «Übrigens: Kennen Sie vielleicht rein zufällig eine schöne Weihnachtsgeschichte? Nicht zu lang, nicht zu kurz, nicht zu sentimental, wenn's geht nicht zu komisch?»

Nach dem gewohnten Blick zu mir, dem armen Irren, folgt dann meist vorgetäuschtes flüchtiges Erinnern.

«Böll! *Immer Weihnachten* oder so.»

«*Nicht nur zur Weihnachtszeit* meinen Sie. Danke. Kenn ich. Zu lang. Außerdem Satire. Schwierig. Gerade an Weihnachten …»

Zwei Würstchen und ein Steak später: «Da fällt mir ein, irgend so etwas mit drei Weihnachtsmännern … oder vier? Jedenfalls ganz lustig.»

«So was hatten wir schon.»

«So? Schade. Mehr weiß ich jetzt auch nicht. Entschuldigen Sie bitte …» Und der Befragte verschwindet, weit weg vom heißen Grill.

Weihnachtsgeschichten haben im Grunde vier große Themen:

1. Kinder
2. Sentimentales zu Weihnachten
3. Lieb Jesulein in Bethlehem mit Migrantenbesuch
4. Weihnachtsmuffel.

Zu 1: Kinder. Schwärmerische Beschreibungen strahlender Augen von Kindern, die mehr oder weniger humorvoll eine Begegnung mit dem vermeintlichen Weihnachtsmann erleben: «Mama! Onkel Jakob!»

Zu 2: Sentimentales Weihnachten. *Der kleinste Weihnachtsbaum*, der aber im Kerzenglanz ganz groß ist, Menschen, die niedlichen Nagern ein besonders großes Stück Käse vors Loch legen, oder weiße Dörfer, in denen Schlitten mit Weihnachtsglocken umherfahren.

Zu 3: Jesulein. Stallduft, Eselsrufe, Engel schweben, Ochs und Könige, ein Wunderstern, ein Wunderkind, selige Eltern, obwohl Josef ja nicht der Vater gewesen sein soll … Womit wir schon merklich in die Kategorie 4 gerutscht sind:

Zu 4: Weihnachtsmuffel. Eine kritische Sicht auf die ganze Weihnachts(psy)chose. Spürt ihr alle denn nicht die Kommerzialisierung, bei der der Weihnachtsmann mit dem roten Mantel und dem weißen Bart ein Werbeträger ist, den eine große Getränkefirma erfunden hat? Spürt ihr nicht den Verlust der religiösen Dimension zu Gunsten des bedeutungslosen Kauferlebnisses? Kennt ihr nicht den Familienkoller, tagelang Menschen auf engstem Raum beieinander, der Nährboden für unkontrollierbare Gruppendynamik?

Die Frage bleibt: Was also lesen? Wir brauchen – wie im Leben unterm Jahr auch – einen Kompromiss: Zuerst etwas aus Kategorie 4, Kritik der Weihnachtsunvernunft. Und dann zur Versöhnung ein wenig aus Kategorie 2, Kinder: *Wie Opa sich am Zimtstern verschluckte* und *Der ausgeflogene Weihnachtsbraten*.

Darüber hinaus bleibt immer noch die Bibel … oder, ja: *Weihnachtsgeschichten am Kamin*, Band 31. Daraus die erste Geschichte.

Inhalt

Hinweis für die Leserinnen und Leser

Vielleicht haben die hier veröffentlichten Geschichten Sie angeregt, selbst eine Weihnachtsgeschichte zu schreiben.

Wenn Sie sich, liebe Leserinnen und Leser, mit einem Beitrag beteiligen möchten, schicken Sie Ihre Geschichte bitte ausschließlich an folgende Anschrift:

Barbara Mürmann
Postfach 605564
22250 Hamburg
oder E-Mail: weihnachtsgeschichten@winbot.de

Ihre Geschichte sollte bitte nicht länger als 5 Manuskriptseiten (pro Seite 30 Zeilen à 60 Anschläge) und bis spätestens **Ende März 2017** eingegangen sein.

Von den vielen eingesandten schönen Geschichten hat die eine oder andere durchaus die Chance, wenn nicht in diesem, dann in einem der nächsten Bände der *Weihnachtsgeschichten am Kamin* veröffentlicht zu werden.

***

Wir freuen uns über eingesandte Manuskripte, können jedoch weder für sie haften noch sie zurücksenden oder in jedem Fall Korrespondenz darüber führen. Die Einsendung der Manuskripte erfolgt unverbindlich; eine Veröffentlichung kann nicht garantiert werden.

MIX
Papier aus verantwortungsvollen Quellen
FSC® C083411
FSC
www.fsc.org

Das für dieses Buch verwendete Papier ist FSC®-zertifiziert.